高校青年教师成长基础丛书
李波　主编

大学课程与教学理论

张朝珍　主编

山东大学出版社
·济南·

图书在版编目(CIP)数据

大学课程与教学理论 / 张朝珍主编.—济南:山东大学出版社,2020.12
(高校青年教师成长基础丛书 / 李波主编)
ISBN 978-7-5607-6862-5

Ⅰ.①大… Ⅱ.①张… Ⅲ.①高等学校—课程—教学研究 Ⅳ.①G642.3

中国版本图书馆 CIP 数据核字(2021)第 023115 号

策划编辑 滕希功
责任编辑 滕希功
封面设计 泽坤广告

出版发行 山东大学出版社
社　　址 山东省济南市山大南路 20 号
邮政编码 250100
发行热线 (0531)88363008
经　　销 新华书店
印　　刷 泰安金彩印务有限公司
规　　格 720 毫米×1000 毫米 1/16
　　　　 12.5 印张 227 千字
版　　次 2020 年 12 月第 1 版
印　　次 2020 年 12 月第 1 次印刷
定　　价 42.00 元

《大学课程与教学理论》编委会

前 言

随着高等教育变革向纵深发展，对于青年教师立德树人的专业素养有了更高的要求。高等院校青年入职教师需要掌握课程与教学的基本理论和实践操作技能。本书力图整合课程与教学基本理论和大学课程与教学的研究成果，围绕大学课程与教学领域中的基本问题和重点问题，针对高等教育的课程教学特点，结合高校课程与教学案例进行阐述和分析。

本书的编写思路如下：(1)将课程与教学的基本原理，高等院校课程与教学中的代表性案例与实际操作相结合。既面向普通本科院校和高职院校的教育教学实际，结合国内外大学常见的实践操作和现象，做到适用、实用；又要有一定的理论水平，能够反映当前课程与教学论研究的前沿成果。(2)考虑到来自于不同类型院校、不同专业方向的青年教师大部分没有教育学专业背景，因此，本教材定位为基础和入门教材，力争理论介绍简单通俗，帮助新入职教师们了解高校课程与教学领域最基本的知识和方法。(3)与时俱进，及时将当前高等教育改革中的政策要求和相关内容纳入教材体系中，比如体现当前课程思政、劳动教育、信息技术等方面的教育变革内容与要求。(4)教材主体由学习目标、主要内容、思考与练习三部分组成，各章节内容呈现在保持体例基本统一的前提下，尽可能做到形式活泼多样。

本教材是集体合作完成的成果，共分为八章，主编为临沂大学张朝珍教授。各章的编写分工分别是：张朝珍负责第一章、第二章，李永婷负责第三章，李凤玮负责第四章，柏灵负责第五章，吴仁英负责第六章，张伟负责第七章，张年年负责第八章。全书整体框架设计和统稿工作由主编负责。编写组为写好本书做了许多努力，但难免有种种疏漏不当之处，欢迎使用本教材的教师、学员、读者提出宝贵意见，以便我们进一步做出改进。

本书是一部高等院校新入职教师的岗前培训教材，既可以作为非教育类专业学生的学习拓展阅读教材，也可以当作在职高校教师从事课程教学研究的重要参考书。

本书参考了国内外学者的大量研究成果，在书中尽可能做了注明，在此一并表示衷心感谢。教材的编写和出版获得了作者所在单位临沂大学教育学院和临沂大学高等教育研究院的大力支持和热情关心，谨此致谢。

《大学课程与教学论》编写组

2020 年 9 月 1 日

主要内容

本书作为高等院校新入职教师的岗前培训教材，其主要内容包括：大学课程与教学导论、大学课程与教学目标、大学课程内容的选择与组织、大学课程与教学设计、大学教学模式与方法、大学教学组织形式及其变革、大学课程与教学评价、教学媒体与信息化教学环境。

本书整合课程与教学基本理论和大学课程与教学的研究成果，围绕大学课程与教学领域中基本的、重点问题，针对高等教育的课程教学特点，结合高校课程与教学实践案例进行阐述和分析；内容充分反映时代特点以及高校课程与教学改革的新动向，将科学性、实用性有机地结合在一起。

目 录

第一章　大学课程与教学导论

学习目标

1.识记课程和教学的定义。
2.明确课程与教学的地位和功能。
3.掌握课程与教学的几种关系。

案例 1-1　专业培养方案与教学改革

在某学院课程建设与教学改革讨论会上，院长与几位教师代表交流，想听听他们对专业培养方案和教学改革的看法与建议。

院长：当前各专业都在按照专业认证的要求，进行课程体系调整和教学改革。大家一起来看看，我们这些专业的课程结构、课程目标、教学大纲、实施形式，哪些地方存在问题，哪些地方需要调整完善？

教师 A：我觉得这个课程结构需要改一下，目前太多的公共理论课程和学科基础课，应用类、技能类、特色类的课程占的比例太少。专业认证强调产出导向，因此我们不能再按照以前那样教知识点，要按照模块或单元的形式改革教学内容与方法。

教师 B：我倒觉得没必要大改，其实"专业认证""本科教学质量评估"要求的都差不多，说法虽然不同，但具体内容都一样。要改的话，只需要改一改教学方法就好了。

教师 C：教学大纲嘛，这写起来是一回事，做起来又是另外一回事。这种字面上写出来的目标、实施方式要真正落到实处，对我们教师来说真的是太难了。很多时候，我们老师也顾不得上面说的条条框框，都是按照自己的想法来上课的，效果好像也不赖……

在现实生活中，很多高校教师在谈论“课程”与“教学”时，很少思考这两个词的含义是什么。即便是常年和课程与教学打交道的教师，也可能对课程与教学存在不少误解和盲区。有些教师更在乎怎么去做，不太重视话语变化背后的观念和指导思想的变化。这说明在课程开发与教学设计过程中，教师弄明白课程和教学是什么，对澄清自己的课程观、教学观，开展符合教育理念的课程教学活动具有重要意义。

第一节　大学课程与教学的含义

“课程”与“教学”是两个十分复杂的概念，在不同的历史时期，不同的流派和研究者往往都有着不同的理解。近些年来，我国各高校普遍注重自身的学科建设和课程开发，也基于各自的理解从课程的视角赋予了教学新内涵。高校教师是参与学科与课程建设的主力军，如何理解课程与教学的含义及其相应的变革，具有重要的现实意义。

一、课程的含义

课程是一个使用广泛、含义多样的术语。虽然大家对课程的定义呈现多样化，但是作为课程论的核心概念，还是要对课程做基本的解释，赋予一些大家普遍认可的核心内涵。

（一）课程的词源学解释

课程的词源学解释主要是从“课程”这一词的起源及其发展来看课程的概念演变。比较有代表性的，如《中国大百科全书·教育》中，从广义和狭义两个方面对课程进行了定义。广义的课程是指所有学科的总和，或者学生在教师指导下从事各种活动的总和；狭义的课程则指一门学科，这是典型的现代课程定义。[①] 教育学学科所讲的课程主要指学校课程，日常生活意义上的课程一般被理解为各级各类学校的教学科目，如大学物理课程、高职英语课程等。

从词源学上分析课程的概念，可以发现我国古代对课程的解释主要指教学科目或科目的教学顺序和时间。在中国，“课程”一词最早出现于唐朝，但唐朝时的理解和我们现在所说的课程意思相去甚远。唐朝的孔颖达在为《诗经·小

① 参见中国大百科全书编辑部：《中国大百科全书·教育》，北京：中国大百科全书出版社1985年版，第207页。

雅·巧言》中“奕奕寝庙，君子作之”一句作疏：“维护课程，必君子监之，乃依法治。”“奕奕”是大的意思，“寝庙”指宗庙。“奕奕寝庙，君子作之”可直译为“大的宗庙，君子造它”。宗庙为什么要君子来造呢？孔颖达的解释是，修造宗庙有法度，有工作规程，一定要由懂得这些法度和规程的君子来监督修造工作。此处的“课程”指有规定的数量和内容的工作规程。宋代朱熹使用“课程”一词较多，虽然朱熹只是提及课程，并没有明确界定，但意思还是清晰的，如“宽则期限，紧着课程”“小立课程，大作功夫”等，这些运用开始将课程视为学习的范围和进程的意思，这与我们现在许多人对课程的理解基本相似。

在英语国家“课程”一词对应的英文是“curriculum”，最早出现在英国哲学家、社会学家、教育思想家斯宾塞于1859年发表的《什么知识最有价值》一文中，意思是指教学内容的系统组织。该词源于拉丁语“currere”，是跑的意思。curriculum是名词，是跑道的意思。斯宾塞所说的教学内容主要是科学知识，因为他认为科学知识最有价值，在这一点上，斯宾塞可以说是现代科学课程观的最早倡导者。从词源学上看，中国的课程重结果和对结果的考核，西方的课程重过程和实际的行动。国内外对于课程定义的共性解释是，课程是学生所需从事的种种课业及从事这种课业的进程安排。

（二）几种常见的课程定义

由于课程现象的复杂性、人们考察课程问题的多角度和分析问题的方法多维性，导致课程的定义众说纷纭，给人们理解课程增加了一定难度。我们可以把多种多样的课程定义大致归为三类：

1.课程即教学科目

把课程等同于所教的科目是从学校教育的内容这一角度来定义课程的，在历史上由来已久，这也是使用最广泛也最常识化的课程定义。我国古代的课程有“礼（道德合礼仪规范）、乐（举行各种仪式时的音乐舞蹈）、射（射箭）、御（驾车）、书（书写）、数（计算）”这六艺之说，在“六艺”课程中，“礼、乐、射、御”属于大学课程，“书、数”属于小学课程。西方课程有文法、修辞、辩证法、算术、几何、音乐、天文学等七艺之说。“七艺”作为古代西方的第一个课程体系，成为后世西方中等和高等教育的主要内容。近现代以来，大学学科课程体系的完善和最终确立，就是建立在这样一种课程定义基础上的。

将课程定义为教学科目，关注的是学校教育的文化内容，也就是以知识为中心去考察课程，把课程看作是学校中的教学科目。其积极意义在于通过强调教学科目而重视文化知识的传承，学校能够围绕这些教学科目进行组织管理，有效地把文化知识传递给学生。这个定义的局限性在于，把课程看作是外在于学习者的东西，把学习者和他们要学习的知识隔离，忽视了学习者的主体作用。

在实际操作中教师往往把教材等同于课程，而且只关注教学科目，必然在一定程度上忽视学习者的情感、态度、个性、品格等非认知因素的发展，不利于培养全面发展的人。

2.课程是教学目标或计划

这种定义把课程视为有计划的教学过程要达到的目标、教学的预期结果或预先的计划，是从学校教育进程的角度来解释课程。从 20 世纪 50 年代美国课程论专家泰勒(R.W. Tyler)提出课程开发的“目标模式”之后，这种解释便广为流传。不少高校教师就把课程理解为课程目标、教学计划、教学大纲，这些理解也属于该定义的范畴。

将课程看作是教学活动的计划，认为课程是可以预期并加以人为控制的，这种定义的优势在于：强调学校教育是一个有计划的过程，需要周密的安排和组织。因此这种定义重视目标的引导作用，有利于课程的实施和推进，但其局限性在于课程本身有一定的计划性、预定性，但课程在实施过程中又表现出一定的弹性和灵活性。把课程理解为一种计划，容易把课程简单化，把课程变成一种监督和控制的手段，忽视了教与学的内容、学习过程的复杂性和学生的经验与兴趣对学习结果的影响，因此也不能很好地说明课程的本质。

3.课程即学习者的经验或体验

这种定义是从学习者的角度来界定课程的，把课程视为学生在教师指导下所获得的经验或体验。美国教育家杜威(J.Dewey)是这一观点的代表人物。他把课程看作是学生经验的改造或改组。学校教育应该着眼于学生经验的发展，对社会生活中的典型职业进行分析、归纳、提炼而形成各种活动方式，学生在这些活动课程的学习中身心得到全面发展。

这种课程定义的突出特点是把学生的直接经验置于课程的中心位置，消除了课程目标与手段、教学内容与过程之间的对立。其局限性在于，由于强调学习者的经验和体验，在一定程度上会带来对系统知识传授的忽视。

上述每一种课程定义都或多或少具有某些积极作用，也都存在明显的不足。无论哪种定义，都是把课程看作学校教育的基本要素，是教育内容和教育过程的体现，因此要全面理解课程的内涵，就需要综合把握以上几种定义的内容。教师需要根据不同专业的培养目标、任教课程的属性和学情特点，在课程开发和教学设计中选用适合特定教育情境的课程定义。

(三)与课程定义相关的概念

无论是学习和理解学者们的课程定义，还是根据自己的理解开展课程与教学活动，都会遇到一些容易和课程相混淆的概念，把这些概念区别开来，有利于在课程与教学实践中澄清思路。

1.教学内容

一般说来教学内容解决的是“教什么”的问题，而课程不仅解决“教什么”，还解决“怎么教”的问题，所以从外延上看，教学内容的外延小于课程的外延，教学内容是课程的重要组成部分，只要是可以被称作教学内容的东西，一定是属于课程的；反过来被称作课程的东西则不一定是教学内容。除了教学内容之外，课程还包括怎么教的方面，比如关于教学进程的安排。严格说来，没有教学进程安排的内容就不可能进入教育过程，因此也不能算是真正的课程。

2.教学进程

和教学内容一样，教学进程只能是课程的一部分，而不是课程的全部，它回答的是“怎么教”的问题，是教学内容在时间上的展开。是不是所有的教学进程都属于课程的范畴呢？这是个尚有争议的问题。有的学者认为教学应该包含在课程中，那么教学过程自然就属于一种较为具体的动态课程，是一种被实施的课程；还有的学者则认为课程是课程，教学是教学，二者相对独立，既有联系又有区别。课程重点解决的是内容及其安排问题，它是教学的蓝图；教学重点解决的是活动过程的组织方式和方法问题，是把课程具体落实下去的途径和手段。应该说课程和教学并不是谁包含谁的关系，二者有着各自的存在价值和特定功能。固然课程中规定了教学进程的安排，但这种教学进程是融合到内容中、被文本化了的东西，比如我们拿到一本教材时可以有两种选择：一是按照教材编写者设计的内容顺序，组织学生先学什么，再学什么，最后学什么；二是还可以根据实际情况对教学内容进行重新组织、安排，进行整合，这种对教学内容进行加工、组织、安排的过程属于教师的教学行为，而不是课程的组成部分。从管理者的角度看，课程中的进程安排是一种规范和相对固定的教学计划，属于课程管理的范畴；从教师的角度看，教师在教学过程中的进程安排则是一种教学行为，属于教学的范畴。

3.知识

在课程领域，“什么知识最有价值”是一个永恒的、绕不过去的、必须予以回答，而答案又具有多样性的问题。当前的课程领域，人们一般把知识与技能、过程与方法、情感态度与价值观并列，形成课程目标的主要构成，被看作人类认识成果结晶的知识只是属于课程内容的一个方面。随着现代社会发展到知识经济时代和信息时代，将对学生知识、能力和品格的培养有机结合起来已经成为一种教育共识。2020 年 3 月份，教育部发布了《高等学校课程思政建设指导纲要》(教高〔2020〕3 号)，明确要求教师将价值塑造、知识传授和能力培养三者融为一体，将育人和育才相统一。这些都说明了把课程单纯等同于知识具有片面性。要培养全面发展的人，就需要实施全面发展的教育，开发凝聚知识能力和品性的课程。

(四)课程的表现形式

课程的表现形式有多种,从宏观到微观依次包括课程方案、课程大纲、教材和其他教学材料。

1.课程方案

课程方案也称课程计划,是根据教育目的和学校的教育任务,由高校教务部门和二级学院制定的有关教育和教学工作的指导性文件,通常包括课程设置、课程结构、课程性质、课程顺序、学时安排、评价方式等。

2.课程大纲

课程大纲的撰写人主要是教师,又被称为教学大纲,是教师依据课程方案中的课程定位,对本课程的教学目标、内容加工、时间安排、学生组织、教学方法、评价方式等进行的整体设计。

3.教材

教材是教师和学生用来教和学的主要材料,它既包括文本的教科书,也包括影像材料、补充阅读材料等形式。由于教科书所包含的知识在不断发展,它不可能囊括所有的、对学生发展有价值的知识,无论什么知识,只有经过教师和学生的合作探究以及对其价值取向的批判性考察,才能对学生的发展产生积极的影响,因此教师和学生不只是教科书的读者和接受者,还是教科书的作者和加工者乃至创造者。

二、教学的定义

(一)教学的词源学解释

在现代英语教育文献中,有关“教学”一词的表达有 teaching、instruction 和 teaching and learning 三种:第一种着眼于教师的教对教学进行界定,把教学(teaching)看成是教师依据课程要求向学生传授知识和技能的活动;第二种着眼于学生的学对教学进行界定,把教学(instruction)看成是在教师引导下,学生通过学习获得一定的经验并引起行为变化的过程;第三种着眼于教师与学生的相互作用,而对教学(teaching and learning)进行解释,把教学看成是由教师的教与学生的学所组成的一种双边活动。从使用地域看,英联邦国家多用“teaching”一词讨论教学,北美国家多用“instruction”一词,但在英语教育研究文献中,两个词经常混用,并没有严格的使用界限。从使用时间看,20 世纪以前,通常使用的是 teaching,重在教师的“教”;20 世纪初,随着“进步教育”运动的兴起,instruction则逐渐替代了teaching,用以表明教学过程应重视学生的学习活动。用 instruction 替代 teaching，标志着一种崭新教学观的诞生和确立。[①]

“教学”一词在我国出现的时间要早于“课程”一词。但是，最初并没有“教学”一词，只有“教”和“学”二字。在我国古代，“教学”偏重的是学，以学生自学为主，有疑问才去向教师求教。“教学”二字最早连用是出现于《书·商书·兑命》：“斅学半。”（斅，音 xiào，指教）此句成为后来《学记》中“教学相长”的依据。到了近代，由于班级授课制的出现以及赫尔巴特教学思想传入我国，教学的重心由“学”向“教”转移。此时，“教学”又等同于“教授”。这种理解导致了重教轻学的局面，直到陶行知先生留美归来，提出“教授”一词的提法有忽视学生的嫌疑，遂又改“教授”为“教学”。20 世纪 80 年代中期以后，我国的教学论研究者在对传统教学理论进行反思的基础上，开始了对教学概念的重构。将教学视为教师的教与学生的学的共同活动。学生在教师有目的有计划的指导下，积极主动地掌握系统的文化科学基础知识和基本技能，发展能力，增强体质，并形成一定的思想品德。[②] 这一含义包括以下几方面的内容：(1)教与学不可相互替代，教是一种外化的过程，学是一种内化的过程；(2)教与学相互依存、相互促进；(3)教学以教学内容为中介，教学内容是教与学的依据及成效的检验标准；(4)教学是学校教育活动的重要组成部分，根本目的是促进学生的全面发展。

（二）教学的基本要素及其关系

教学是由一些相互关联的要素组成的，这些要素之间的相互联系共同构成了教学活动的展开。了解教学的内部结构，对我们开展有效教学设计具有重要指导作用。

1.教学的基本要素

教学的基本要素有哪些？一直有争论，比较有代表性的观点有“三要素说”“四要素说”“五要素说”“六要素说”“七要素说”等。“三要素说”认为教学由教师、学生和教学内容三个基本要素构成；“四要素说”在此基础上增加了“教学方法”这一要素；“五要素说”在此基础上增加了“教学媒体”这一基本要素；“六要素说”在此基础上增加了“教学目标”这一要素；“七要素说”认为教学有教师、学生、目的、课程、方法、环境和反馈七种基本要素。这些观点有一定的继承递进关系，主要是在三要素基础上进行的增补。

(1)教学内容。教学内容是将人类积累起来的文明成果的精华传递给下一代，这既是人类社会延续和繁荣的需要，也是新一代适应社会发展和提升自我

① 参见张人杰：《大教育学》，广州：广东高等教育出版社 1995 年版，第 415 页。

② 参见中国大百科全书编辑部：《中国大百科全书·教育》，中国大百科全书出版社 1995 年版，第 150 页。

的重要前提，教学则是实现文化传递的基本途径。教学内容就是那些对于个体的成长和社会化来说，最有价值的、最基本的和最需要的经验。人类文明成果转化为供学生学习的课程，需从总体上进行设计和加工，其中也包括教师的参与。教学内容制约着学生的学习活动，规定着学生学习的范围、层次和方式，教学内容的不同性质和特征，直接影响着教学对学生发展所产生的效果。

(2)学生。学生是开展教学的前提条件，教学必须全面了解学生，这是数千年来教学实践中得到的共识。首先，学生是发展的人。学生身心发展具有客观规律和巨大的发展潜能，要用动态眼光来看学生，相信每个学生，努力激发他们的潜能。其次，学生是独特的人。不同学生群体有着独特的内心世界，精神生活和内在感受，有着不同于成人的观察思考和解决问题的方式，每个学生的文化背景、兴趣、能力和行为方式也具有其个性特征，因此教师应该尊重学生个性差异，因材施教。再次，学生是学习的主体。教师是教学的主导，而学生是学习的主体，只有充分尊重和发挥学生的主观能动性教学才能取得成功。再次，学生是责权主体。学生享有社会规定的法律、伦理权利，并承担着特定的法律、伦理责任。教师在开展教学活动过程中，应具有法律意识和道德伦理观念，尊重学生的主体权利。

(3)教师。教学活动必须有教师参与和指导，这是教学区别于一般学习活动的关键所在。教师水平的高低直接影响着教学的方向、水平和质量。高等教育的发展对教师的专业素质要求明显提高，教师除了人格高尚和身心健康之外，还需要精通一定的教学科目，掌握教育理论和教学技能。

2.教学基本要素之间的关系

(1)学生与教学内容的关系。学生与教学内容之间的关系是一种主客体关系，学生是认识教学活动的主体，教学内容是学生认识和掌握的客体，教学内容作为学生认识的对象，不仅制约着学生认识的方式，而且是学生发展的重要条件。学校教育中如何通过教学使新一代有效习得人类积累起来的文明经验，这是一个永恒的教育课题。

(2)教师和学生的关系。师生关系是教学的主要矛盾关系。对师生关系问题主要有三种观点：一是“教师主体、学生客体”说。教学过程是教师教授、影响学生的过程，学生是作为被影响的对象存在的，这种观点又被称为“教师中心论”。二是“教师主导、学生主体”说。教学过程是学生通过认识活动而获得发展的过程，认识活动的承担者和主体是学生，但这一主体地位是教师主导下发挥的。三是“学生双重地位”说。学生在教学过程中既是主体又是客体，处于双重地位。在教学过程中，学生是教师影响、教育的对象，在这个意义上说是客体；同时学生又是学习活动的承担者，在这个意义上讲又是学习的主体。

教师和学生的关系具有复杂性，这种复杂性不仅表现为教学认识过程中师生主体和客体关系的变换，也表现为教师和学生的人际伦理关系和情感关系的相互交织，需要教师根据不同的教育情境灵活加以处理。

(3)教师与教学内容的关系。教师与教学内容之间存在着一种建构关系。作为一名合格的高校教师，掌握乃至精通所教课程的学科内容只是成功教学的前提，在教学过程中，教师的主要任务不是掌握教学内容，而是有效组织、指导学生学习教学内容。因此，教师需要根据不同学生情况的差异和教学目标，对教学内容进行再加工，以帮助学生更好地掌握教学内容。这种再加工的过程是依据教师本人教育观念，结合实际的教学条件和学生特点来进行的，是教师作为专业的教学人员不断建构知识的过程。

(三)教学的本质含义

教学的含义很丰富，概括说来，教学是为实现教育目的，以课程内容为中介而进行的教和学相统一的共同活动，教学既是科学也是艺术。

1.教学是教与学的有机统一

教学活动包括教师的教与学生的学两个方面，二者是有机统一的。首先，教不同于学。在教学活动中教学是教师的主要行为，其目的是引起学生的学习并使之变得有效，为此，教师要把知识外化出来变成学生易于接受的东西。学生的行为主要是学习，与教师的外化过程正好相反，是一个接受知识并内化、建构的过程，学是学生的主要行为。正是因为教的行为与学的行为在本质上的相同性与表现形式上的差异性，教师的教与学生的学生才变得有价值。其次，教与学相互依赖、互为基础、互为方向。没有学无所谓教，没有教的学则是自学，教与学彼此依存，相辅相成。随着信息时代的到来，传统教学方式正在发生根本性变化，教师的权威被解构，在师生共享的丰富的网络资源面前，学生获得信息的途径已经多样化，从某种意义上讲，学生也会在某些方面成为教师的“教师”，促进教师的学习，真正实现教学相长。

2.教学是科学与艺术的统一

教学是科学还是艺术，这一问题曾被长期争论着，有人认为教学是科学，有人认为教学是艺术，各据其理。实际上教学既是科学，又是一种特殊的艺术。科学是那些具有规律性、必须遵守的客观性。构成教学的各种要素之间是相互作用、相互影响的，这种作用与影响有其内部规律与必然联系，客观存在于教学过程中。作为科学的教学活动也是按照一定的规律进行的。教学中的科学并非是自然科学那样的科学，教学科学比较灵活，只是一些纲领性的、建议性的规律和原则，内含着艺术性。“教学是艺术”是指教学活动可以艺术地表现出某些方法、内容和技巧。艺术化的教学在性质上富有想象力，能唤起人们意外与惊讶的感觉，给人身临其境的解放感，犹如一篇优美的散文诗，具有起、承、转、合的韵味，具有曲径通幽、起伏跌宕、峰回路转的魅力。它是一种精神漫游，教师收放自如，学生身心领会，既有纵横捭阖的豪放，又有细处摄神的精致。[①]

在中国历史上的春秋时代，伟大的教育家孔子就施行了体现高超艺术美的启发式教学。提出了“不愤不启、不悱不发，举一隅不以三隅反，则不复也”。启发式教学是教学艺术的一种体现模式，“不愤不启、不悱不发”则又是启发方式的艺术精华。孟子提出的“教亦多术”的教学观，其中的“术”就是教学方法、手段的艺术体现，主张在不同的教学环境中，施以不同的教学方式、方法，应用不同的教之“术”。继孔孟之后，我国又有许多教育家提出过教学艺术的概念，并对教学艺术进行过论述，确定了教学是一门艺术的观念。国外也是如此，早在很久以前大教育家夸美纽斯在其《大教学论》中就曾写道：“大教学论是阐明把一切事物教给人类的全部艺术。”[②]苏霍姆林斯基也认为：“教学和教育过程有三个源泉：科学、技巧和艺术。”[③]两位教育大师的论述已不是教学是不是一种艺术的问题了，他们已经把教学艺术提到了相当高的地位。

第二节　课程与教学的地位与功能

一、课程的地位与功能

课程的地位与功能表现在课程与教育、课程与社会、课程与文化三方面的关系中。

（一）课程与教育

理解课程的功能必须涉及教育功能的思考，二者具有内在的一致性。一方面，教育的功能决定了课程的功能，课程之于教育是实现其功能的工具，学校教育对人的发展起主导作用主要是通过课程来体现的。另一方面，个体参与社会所必需的各个方面的素质及发展主要是通过课程获得的，个体在学习各种各样的课程中养成情感态度、价值观，发展各种能力、积累各种知识，因此培养人是课程最基本、最重要的功能。

（二）课程与社会

课程是学校教育联系社会的强大纽带。现在社会的发展越来越依赖于教

---

① 参见肖川：《当代教育思想精要》，北京：开明出版社2006年版，第215页。

② 夸美纽斯：《大教学论》，傅任敢译，北京：教育科学出版社1995年版，第1页。

③ 张运卉：《点击苏霍姆林斯基》，天津：天津教育出版社，2008年版，第51页。

育和课程，课程的价值在于它能够满足社会发展和人的发展的需要。正是通过课程体系的不断丰富与完善，社会的政治、经济、科技、文化发展的要求才被反映到学校中，形成不断更新的课程内容。也正是通过课程与教学，学校才能培养出符合社会发展要求的各种各样人才。

（三）课程与文化

课程的基本功能是传递和选择文化。就文化传递而言，文化是课程的母体，课程具有很强的社会制约性。课程所传递的文化一般都是社会占主导地位的阶级集团的文化。课程不仅传递文化，也选择、加工文化，课程本身是文化的组成部分，文化决定着课程的内容。但这种选择是双向的。人类文化的博大精深使得课程只能而且必须对人类文化进行选择，这是课程生成、建构乃至变化发展的根本机制。任何一个专业或任何一门具体的课程体系总是有意识选择的结果。

二、教学的地位与功能

（一）教学是学校的中心工作

学校教育是培养人的，这种培养主要是通过教学来完成的。学校工作包括很多方面，有教育工作、管理工作、后勤工作。就教育工作而言，有教学工作、思想政治工作、党团队工作，其中教学是最基本的工作。一所大学的教育质量如何，主要就是由它的各学科、各专业的教学质量来决定的。正是从这个意义上讲，教学工作被视为学校的中心工作，其他各项工作均应围绕教学展开并为教学服务。

（二）教学的功能

(1)教学是促进学生全面发展的基本途径。在教学的教育学意义上，学校教育的根本任务是育人，而育人是通过德育、智育、体育、美育、劳动教育的“五育并举”来实现的，教学是“五育”的主渠道，学校主要通过各种教学活动来促进学生的全面发展。

(2)教学是提高学校教育质量的有效途径。衡量学校办学水平高低的一个主要指标是高质量人才的培养，而教学是目前用时最少，掌握知识最快捷的一种活动，学校教育的各项工作应该围绕教学活动展开。将教学活动与非教学活动结合起来，才能最大限度地提高学校教育质量。

(3)教学是推动社会发展的重要手段。高校教学内容和手段的发展受社会发展的影响，反过来社会的发展也需要教学的推动。教学是解决个体经验和社会历史经验之间矛盾的一个重要途径，人类社会积累下来的宝贵经验、知识、科学技术等，只有通过教学才能够传递给下一代，推动社会不断往前发展。

三、大学教学的基本特征

你对大学教学的设想是什么？是图书馆、实验室、自习室里坐满了自学和做研究的学生呢，还是在教室里教师在辛辛苦苦、喋喋不休地讲解，学生在百无聊赖、若有若无地听讲？是师生之间高谈阔论或激烈交锋、各抒己见的讨论，还是以知识为本、教师主导的单向输出？是学生在学校和老师管理下，按部就班地天天忙着上课，还是教师和学生经常聚会，商量选什么书读，什么时候做什么课题，开展交流读书和研究等等。这些现象其实都涉及大学教学应该具备哪些特征这一问题。

（一）教学是一种特殊的交往

教学是师生以课堂为主渠道的交往活动，师生通过对话交流知识、精神和智慧，不断生成新的认知和观念。在这个过程中，教师发挥组织者的作用引出话题，提供并解释教学资料，组织课堂学习活动，引导讨论方向，掌握课程进度并作出学习评价，学生则积极参与话题的讨论，理解并接受教学资料，提出个人见解，对教师及其他同学的观点进行评价。师生在课堂上的交往不同于日常生活中的人际交往，而是思想的交流与交锋，情感的认同与碰撞。通过这样的交往，师生共同获取新知，丰富情感。这是教学的普遍特征之一，大学教学也并不能改变这一交往的性质，但与中小学相比，大学教学交往更具有思想性和创造性。

大学时期正是一个人思想最敏锐、想象最丰富、激情最饱满的时期，大学生在生理、心理、思想和情感方面都已趋于成熟，这些优势正是从事创造性活动最宝贵的财富。高校教师要充分利用这样的教育资源，将大学课堂创设为激发情感、营造气氛、陶冶情操的场所。

（二）从以教为主到以学为主转变

教学是教与学的结合，从教与学的关系看，二者同等重要。但从学生发展的角度看，从小学到大学“教”的重要性越来越小，“学”的重要性越来越大。以学为主意味着：第一，大学生要有充足的自学时间，课程的大部分内容要由学生通过自学掌握。第二，大学课堂教学的形式主要是讨论和答疑，要充分发挥学生的主体作用。第三，教师除参与讨论和解答疑难外，最重要的工作是为学生指明学习研究的方向和范围并展示出自己学习和研究的成果，做一个学生学习和研究的引路人、带头人而不是控制者。

（三）教学具有教育性

教学的教育性也可以称之为教育性教学，是现代大学教育的重要追求。当前高校各专业都要实施课程思政的时代背景和政策要求，凸显高校教育性教学的重要性。

“教育性教学”一词首先由德国教育家赫尔巴特提出。他认为,人的观念、情感、善的意志是不可分割的。作为知识传递过程的教学和作为“善”的意志形成的道德教育是统一的;赫尔巴特指出,教学如果没有进行道德教育,只是一种没有目的的手段;道德教育如果没有教学,就是失去了手段的目的。[①] 通俗地说,教育性教学就是既教书,同时又育人。我们可以把教学及其教育性理解为通过教学不仅使学生掌握专业知识,还要促进学生身心的健康发展、品德的形成以及人格的完善,使学生学会做人、学会做事、学会学习、学会创造、学会审美、学会健体等,从而获得全面和谐的发展。

我国的教育方针是“教育必须为社会主义现代化服务,必须同生产劳动相结合,培养学生在德、智、体、美、劳诸方面全面发展的社会主义事业的建设者和接班人”。教育工作要坚持五育并举、德育主导的方向。教师不仅要当导师,更要当人师,既要教书又要育人,教书应是育人的一个重要组成部分,甚至育人比教书更重要。应在教书中育人,在育人中教书。在教育活动过程中,教师既要把丰富的科学文化知识传授给学生,又要用自己的高尚人格影响学生、感化学生,使学生的身心健康地成长。因而教师必须要有高尚的思想境界,纯洁美好的心灵。在日常教学中,教师要关心学生,帮助学生,对差生不嫌弃,不歧视,激发学生的积极性,使其在学习上有无穷的力量源泉。

第三节 课程与教学的关系

从学科的意义上讲,相对于课程与教学实践,中外古代既没有课程论,也没有教学论的概念。中国现在的课程论和教学论主要是借鉴西方近代的课程论和教学论的体系和方法建立起来的。课程与教学的关系也是从课程论与教学论的关系探讨中引申出来的。

一、课程与教学的几种关系

(一)大教学观

“大教学观”将教学视为一个大概念,将课程视为一个小概念,将课程视为教学内容或学科,认为课程论从属于教学论。在我国,自凯洛夫时代始至20世纪80年代,课程就一直被作为教学内容来谈。“大教学观”的主张,除了传统教学思想的影响和学者自身因素外,一个重要的原因是受到苏联教育理论影响,

① 参见周采:《赫尔巴特教育性教学思想新探》,《教育研究与实验》2006年第6期。

教学论的话语权占据主导地位，课程就成了教学理论中的一个基本要素，课程论中的一些基本概念自然也就弱化，课程论本身的话语权和专业发展动力也在一定程度上降低了。

（二）大课程观

“大课程观”则把课程作为一个大概念，将教学作为一个小概念，把课程理解为教学的上位概念，课程包含教学。这种观点常见于西方学者。近年来，受“大课程观”影响，我国也有学者认为应该建立“大课程观”，认为课程的属性和类型是多方面的，包含了学科课程与活动课程、显在课程与隐蔽课程，也就包含了课堂教学和课外教学、模仿教学与陶冶教学。换句话说，教学就是课程规划出来后所投入的实施环节。[①] 从这些表述可以看出，“大课程观”将教学看作是课程的下位概念，认为教学只是包含在课程进程中的一个有机环节。

（三）相互交叉模式

在这一模式中，课程包含了教学的一部分，相应地，教学也包含了课程的一部分。课程编制、课程推广等课程的特有领域，是不属于教学活动的；而教学原则、教学方法、教学组织形式等，又是教学的特有领域。两者交叉的部分主要是课程实施即课堂教学。当站在教育系统的角度来看待课程与教学时，它们是平等而相互交叉的关系。

（四）整合模式

课程与教学、课程论与教学论相互独立的主张，有力地促进了课程与教学研究的发展，但同时却在课程与教学理论和实践中助长和加剧了课程研究与教学研究相互割裂的倾向。因此，有学者提出了整合模式，这种观点认为，教学也是课程开发过程。教学是师生共同开发和创造课程的过程，课程在这一过程中不断生成与转化。课程也属于教学事件。课程不是静态的教科书，而是师生在教育情境中不断生成的活生生的经验，课程是不断变化的课堂教学事件。[②] 应该对课程与教学进行一体化研究和实践。

二、课程与教学的当代整合

许多学者将课程和教学置于二元对立的位置，认为课程和教学是从属于教育学的两个独立分支学科，各自拥有独立的知识体系和话语方式。课程与教学的分离不仅不利于指导和推进课程与教学实践，而且不符合当代学科发展的综

---

① 参见黄甫全：《大课程论初探——兼论课程（论）与教学（论）的关系》，《课程·教材·教法》2000年第5期。

② 参见张华：《课程与教学整合论》，《教育研究》2000年第2期。

合化趋势。因此，从20世纪末开始，人们越来越意识到超越课程与教学二元对立的关系，加强课程与教学的密切联系应该成为学科发展的必然选择。

（一）教育实践发展推动课程与教学的整合①

课程与教学有着共同的研究课题，又有着不同的领域，各有其侧重点和任务。高等教育的发展对课程和教学的整合提出了越来越迫切的要求。从教育实践活动看课程与教学，本质上是一个过程的两个方面。对教学问题的研究越来越离不开课程问题的分析，而对课程问题的研究也更注重教学过程以及教学中教师和学生的表现。

课程与教学的整合还与人类知识的发展状况有密切关系。在人类知识还比较贫乏的时代，人们更多地关注教学，对教学的专门、系统研究就比较频繁。随着知识的发展进步并深深影响着高等学校的教育变革，人们关注的焦点便逐渐由教学便转向了学科建设和课程上，对课程实践的理论研究越来越重视。在当代社会，选择哪些知识进入学校课程，依据什么来组织这些课程内容，用什么方式将这些课程知识转化为学生的学习等课程问题，都越来越引起人们的注意。同时课程实施的展开过程就是教学过程，课程改革的深化必然要求教学改革，也必将推进教学改革。

（二）学科发展要求课程与教学的整合

从高等教育学科发展的历程看，大致经历了"混沌—分化—综合—再分化—整合"的过程。人类文明早期积累下来的主要是零散杂乱的经验，随着社会的进步，知识体系逐渐分化成众多门类和学科，在这一过程中，教学论从教育学中分化出来，课程论从教学论中分化出来，都是人类思维发展、知识发展和学科分化的必然产物和客观要求。当今时代人类社会实践和社会生活都出现了复杂化和整合的趋势，教育学本身是属于多学科支撑的整合科学，课程论与教学论的发展也呈现"你中有我，我中有你"的相互交叉、相互影响，又在某种程度上相互整合的发展特点。

（三）国家政策支持课程与教学的整合

在教育政策层面，课程与教学整合的必要性愈发彰显。国务院学位委员会于1997年公布新的学科调整规划，课程论、教学论和学科教学论三者整合起来成为新的二级学科"课程与教学论"。1999年，华东师范大学在原来课程教材教法研究所基础上，获批成立课程与教学研究所，率先专门成立"课程与教学系"。此后，很多高校开始对课程论与教学论学科进行整合，设立课程与教学系，也相继出版了多本将课程与教学整合起来的教材和著作。

---

① 参见张传燧：《课程与教学论》，北京：人民教育出版社2008年版，第18～19页。

整合课程与教学也是贯彻国家新文科建设的体现。2020 年 11 月，教育部新文科建设工作组发布《新文科建设宣言》，要求将中国特色社会主义建设的最新理论成果和实践经验引入课堂、写入教材，鼓励支持高校开设跨学科、跨专业的新兴交叉课程、实践教学课程，培养学生的跨领域知识融通能力和实践能力。这说明课程与教学的整合是时代发展的必然趋势，不仅课程与教学要谋求整合，而且课程与教学论学科还要谋求与教育学、教育学之外的文史哲等其他学科的整合，以培养新时代所需要的应用型、复合型人才。

思考与练习

一、简答题

1.结合自身的学习经验或教学实践，简述对课程与教学概念的理解。

2.课程与教学的地位和功能是什么？

二、材料分析题

结合本章的内容，分析以下案例。你认为案例中的“我”是如何理解课程与教学的关系的？你同意其观点吗？你怎样理解课程与教学之间的关系。

一位教师的自述：当教师以前，我常常会想象我教学生的情景：他们将参加一个测验，然后我依据他们测验的成绩来对教学进行评价。事实上，这种循环过程很少，这仅仅是教学中的一部分。对于学生而言，能否鼓励他们，能否与他们一起享受乐趣，才是他们更关注的方面。鼓励、尊重、信任——这些是有区别的。我对我所教的学科——数学有很浓厚的兴趣，同时我也十分关注在学习过程中对学生和我都有极大推动作用的教学环节。当我从学生那里获得激情的时候，教学过程将会更加出色。

第二章　大学课程与教学目标

学习目标

1.掌握课程与教学目标的含义与特点。
2.了解课程与教学目标的结构与功能。
3.理解课程与教学目标的价值取向。
4.掌握教学目标的设计依据与过程,学会科学设计教学目标。

案例 2-1　教学目标可有可无吗

采访一些教师,谈及"教学目标如何确定"的问题时,有的教师说是从参考书上"搬来"的,有的教师说参照网上他人的教学设计,很少有人说是依据课程目标"自我"制定的。目标真的可有可无吗?应该如何制定教学目标?

近期,教育部发布《大学英语教学指南》(2020 年版),提出大学英语课程设定为三级目标体系。其中,基础目标是英语入学水平较低的学生应达到的基本要求;提高目标是大多数大学生应达到的目标要求;发展目标是针对各高校人才培养计划的特殊需要以及学生的能力、需求和兴趣而提出的多元目标要求。在对这三个级别的教学目标的说明中,通过有机融入《中国英语能力等级量表》的相关内容,还提供了总体目标描述和语言单项技能的教学目标描述,为教师设计教学目标提供参考。

多元教学目标决定了大学英语不是一门课程,而是由多门课程组成。大学英语教学要与高中英语教学相衔接,各高校可以根据实际需要,自主确定起始层次,教师也要依此设计具有特色的个性化教学目标。

对上述大学英语教学要求,有人说分级目标的安排为课程设置的灵活性和开放性提供了空间，但也有人说这样做会加重教师教学的负担。我们如何看待这一教学目标的新要求？

第一节　课程与教学目标的含义与特点

一、课程目标的含义与特点

（一）课程目标的含义

课程目标是对课程内容选择及其实施进程的方向性规定，是一定教育阶段的学校课程旨在促进这一阶段学生的基本素养，在他们健全发展中最终可能达到国家所期望的程度。概括地讲，课程目标实质上是一定学段的学校课程期望最终达到的标准。

（二）课程目标的特点

1.整体性与层次性的统一

统一性表现为三个方面：一是同一专业不同模块的课程目标构成一个课程体系，共同支撑着专业培养目标，而专业培养目标又体现着学生的毕业要求，三者既具有层次性又具有整体性。二是同一课程目标内部的各子目标之间是相互关联、彼此支撑的，共同体现着培养学生的关键能力和必备品格等质量标准。知识和能力目标、品格和价值观目标内部也有着层级差异。三是同一类课程在学校教育的整体环节具有一体性。如中共中央、国务院于2020年发布的《关于全面加强新时代大中小学劳动教育的意见》，要求把劳动教育纳入人才培养全过程，贯通大中小学各学段，在大中小学设立劳动教育必修课程，充分体现了劳动教育目标在不同类别和不同层次的整体性和层次性。

2.预设性与生成性的统一

作为体现学生学习结果的课程目标是可以预设的。这一方面是因为学生的身心发展有一个规律，我们可以根据这一规律去进行课程设计，另一方面是因为课程与教学活动是有意识、有目的的行为，预设课程目标可以对课程实践有一个基本的规范和规划，是课程活动得以实现的保障。但是由于人类认识的局限性和学生身心发展的动态性，又要求教师在教学过程中具有课程目标的生成意识。课程目标的预设性反映的是对学生群体共同的基本要求，生成性则反映课程目标对不同学生有差异的发展需求的满足。

3.专业性与育人性的统一

高校课程目标既要体现专业性，更要体现课程思政的育人属性。《高等学校课程思政建设指导纲要》指出，要将思想政治教育贯穿人才培养体系，要在全国所有高校、所有学科专业的公共基础课程、专业教育课程、实践类课程全面推进课程思政建设，在人才培养方案、专业教学标准、本科专业类教学质量国家标准和一级学科、专业学位类别(领域)博士硕士学位基本要求等方面，构建科学合理的课程思政教学体系。高校课程思政要融入课堂教学建设，作为课程设置、教学大纲核准和教案评价的重要内容，落实到课程目标设计、教学大纲修订、教材编审选用、教案课件编写各方面，贯穿于课堂授课、教学研讨、实验实训、作业论文各环节。这些都说明了大学教学目标要体现专业学习与育人目标的统一性。

二、教学目标的含义与特点

(一)教学目标的含义

教学目标规定着一切教学活动的方向，影响和制约着教学活动的各种因素。教学目标是对学习者通过教学后应该表现出来的可见行为的、具体明确的表述，是学习者在教学活动实施中应达到的学习结果。这些结果不仅包括可观察的外显行为，还包含内隐的情感、态度、价值观等内容。在整个教育目标体系中，教学目标处于最低层次，是教育教学活动所要完成的具体指标体系，具有很强的可操作性和可测量性。

(二)教学目标的特点

1.指向性教学主题

教学目标的设计应该既能反映学生的学习结果，同时也能反映教师对该教学的设计思路，反映出教学过程中教师所采取的学生学习活动方法和教学策略。教学目标突出强调的是同样对课堂教学的指导作用，使课堂教学措施和教学模式相应地发生变化。

2.清晰性

教学主目标应该由明晰的子目标组成，每个子目标则设计、组织清晰的活动内容。整体教学目标是通过单项教学目标的分解和逐步达成来完成；若干项具体目标之间是相互支撑的关系。

3.预设与生成性

教学目标是在教学活动之前教育主体对结果的一种预设，体现了学校教育是一种有目的、有组织、有计划的活动，应该进行系统化的教学目标预设，预设的教学目标在实施过程中应该根据教学活动的展开和学生学习情况的变化及时调整。

4.整体性

教学目标有学年教学目标、学期教学目标、单元教学目标和课时教学目标之分。其中单元教学目标起着承上启下的作用,既统领着课时教学目标,又指向学期和学年教学目标,因此是比较常用的教学目标表现形式。根据教学单元的内容类型可以分为知识单元、主题单元、问题单元、项目单元。在制定教学目标时,要以整体的眼光来思考,不能把设计思路固定在单一或是几个目标上。

5.主体性

教学目标制定的主体是教师,所指向的主体是学生,是对学生发生各种变化的一种规定,最终要促进学生的身心发生有益的变化。[①] 教学目标是在教学相长的互动中设立的,学生和教师之间应该相互开放,不断地保持合作与交流才能更好地促进教学目标的生成。

当前的课程与教学论研究主要是从课程目标和教学目标两个方面分别进行思考,但实际教学工作中这两个方面是不可分的。课程目标设计必然考虑到教学过程的要求,教学目标的设计也必然包含对课程内容的解读,因此我们应该将二者结合起来,作为一个整体去考虑。

第二节 课程与教学目标的结构及功能

一、课程与教学目标的结构

(一)纵向层次结构

课程与教学目标的结构既包括纵向层次结构,也包括横向水平结构,其中纵向层次结构是指它的上位概念和下位概念都有哪些(见图 2-1)。

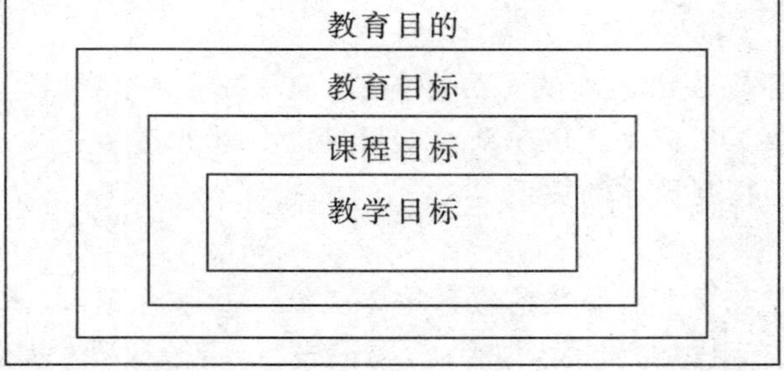

图 2-1 教育目标的结构

① 参见李森、陈晓端:《课程与教学论》,北京:北京师范大学出版社 2015 年版,第 76 页。

课程与教学目标最上位的概念是教育目的，教育目的是总体的教育方向，它所体现的是普遍的、总体的、终极的教育价值。它具体体现在国家、地方、学校的教育理念中，体现在宪法、教育基本法、教育方针中，如我国的教育目的是要培养德智体美劳全面发展的社会主义事业的建设者和接班人。

教育目标是教育目的的下位概念，它所体现的是不同性质的教育和不同阶段的教育的价值。如基础教育、高等教育、职业教育、成人教育分别有不同的教育目标。教育目标是指国家对各级各类教育机构提出有关培养人才的预期质量与规格标准，这些标准常常包括教育机构要培养的人才的各种素质要求。

从高校专业建设的角度看，教育目标需要转化为各专业的专业培养目标。专业培养目标的下位概念是课程目标。课程是教学内容与进程的统一，课程目标主要规定学习本课程的宏观要求，具有一定的概括性和抽象性，这些宏观目标和要求需要进一步转化为教学目标。

教学目标是课程目标的下位概念，它所要解决的问题是如何对课程目标进行细化，以通过每个单元、每节课的实施来完成某门课程的总目标。教学目标基础性决定了目标表述要具体、清晰、细致准确，不能过于笼统、粗糙和概括。一般而言，教学目标应该是教师带领学生完成学习任务之后，学生通过在知识与能力、情感态度价值观、方法与创新性素养等方面获得的进步和提高来实现的。

（二）横向水平结构

课程与教学目标的横向水平结构是指课程与教学目标所涉及的内容标准及其领域。从学生要学习的内容领域看，以布卢姆等人的研究理论为代表，包括认知领域、情感领域和动作技能领域三类目标；从学生学习产生的结果看，以加涅的理论为代表，分为态度、动作技能、言语信息、智力技能和认知策略五类目标。我国学者对课程与教学目标水平结构的探索包括“三分法”“五分法”和“核心素养观”。“三分法”主要是将课程与教学目标分为知识与技能、过程与方法、情感态度与价值观的三维目标，这是我国高校当下占主流的教学目标结构。“五分法”是根据我国五育并举的教育目的，把课程教学目标划分为德育、智育、美育、体育、劳动技术教育五个部分。“核心素养观”是适应21世纪信息时代对个人解决复杂问题和适应不确定情境的高级能力和道德意识的发展需求，在“三分法”基础上提出的所有学生应具有的关键能力和必备品格。核心素养是运用知识技能、解决现实课题所必需的思考力、判断力与表达力及其人格品性，这些素养实际上是三维目标的提炼和整合，把知识、技能和过程、方法提炼为能力，把情感态度价值观提炼为品格。相对于三维目标，核心素养更具有内在性、整合性和终极性的意义。

二、课程与教学目标的功能

教学目标是整个教学活动系统的起点和归宿，它支配调节和控制着整个教学过程，统领着教学系统的其他要素，教学目标主要有导向、激励、评价和聚合功能。

（一）导向功能

教学目标对整个教学活动具有指引、导向、功能，教学目标在一定程度上影响着教学设计的方向，调控教学进程，使师生在教学过程中排除一些无关因素，集中注意力和保持积极的热情进行教学活动。

（二）激励功能

教学目标能够激发教师教和学生学的积极性、主动性，教学目标使教师的教有了追求，同时使学生的学习有了动力。但是并非所有教学目标都有这样的功能，只有当教学目标被教师学生真正理解接受，并在一定程度上满足了他们需要的时候，教学目标才会发挥其激励功能。

（三）评价功能

教学目标是衡量教学效果的标准，它既是教学活动的起点，也是教学活动的终点，教学活动的效果是以教学活动在多大程度上实现了教学目标作为标准的。

（四）聚合功能

教学目标能对教学系统内的其他要素进行优化组合协调，使教学系统发挥最佳的教学效果，教学目标是整个教学系统的核心。教师与学生、教学内容和教学环境等都是为实现教学目标服务的，因此对于教学系统的其他各个要素而言，教学目标具有聚合的功能。

第三节　课程与教学目标的价值取向

课程与教学目标的价值取向是一定的教育价值观在课程与教学领域的具体化，体现了不同的教育目的和教学目标选择。明确课程与教学目标的基本价值取向，能够增强反省意识，提高制定课程与教学目标的自觉性、自主性。

一、行为目标取向

行为目标是以具体、可操作的行为形式陈述的课程教学目标，它指明课程与教学过程结束后，学生身上所发生的行为变化。行为目标是随着课程研究领域的独立而出现并逐步发展、完善起来的课程模式，其代表理论是布卢姆的教育目标分类学。

行为目标的优点：由于行为目标具有精确性、具体性、可操作性的特点，所以便于教师有效控制教学过程。行为目标便于教师将其教学内容准确地与教育督导、学生家长、学生本人展开交流。更重要的是，行为目标便于准确评价，因为行为目标是以具体行为的形式呈现的，所以很容易判断目标是否达成。行为目标对于基础知识和技能的熟练、对于保证一些相对简单的教育目标的达成是有益的。但是行为目标具有以下不足：行为目标只能测评那些显性的行为，情感态度价值观等不易直接测量的内容从教学评价中消失了；行为目标将学习分解为各个独立的部分，把人的学习过程和结果给肢解了，不利于从整体上教育学生；行为目标追求预设性，是以控制为本的价值选择，一定程度上限制了学生的积极性与创造性。

二、生成性目标取向

生成性目标关注的不是由外部事先规定的目标，而是强调教师根据课堂教学的实际进展情况提出相应的目标。如果说行为目标关注的是结果，那么生成性目标关注的是过程。生成性目标强调学生、教师与教育情境的交互作用，正是在这种交互作用中不断产生出课程与教学的目标。所以生成性目标是过程取向的。生成性目标在理论上很吸引人，但过于理想化了。它要求老师不仅熟悉各门学科体系和学生身心发展的特征，而且需要相当强的教学研究能力，而大多数教师没有受过这方面的训练。

三、表现性目标取向

表现性目标是美国课程理论家艾斯纳提出的课程教学目标主张。他认为教学目标设计应该注重教师和学生的自主性、创造性。行为目标有其合理性，但它只适合于人的发展中那些较低的层面。表现性目标旨在培养学生的创造性、培养学生的个性化。表现性目标是指学生在从事某种活动中的个性化表现。它关注的是学生在活动中表现出来的某种程度上首创性的反应。表现性目标强调学生的个性发展和创造性表现，强调学生的自主性和主体性，尊重学生的个性差异，体现了当代人本主义的教育价值观。表现性课程教学目标的缺点在于表述模糊，较难发挥对课程与教学实践的指导作用。

总之，行为目标更为侧重的是技术性、追求目标设置的具体性、可操作性。而生成性目标与表现性目标更为注重价值性。

第四节　大学课程与教学目标的设计依据

衡量教师教学基本功的重要体现是教学目标的设计水平，对于教师而言，科学合理地设计教学目标，包括每节课的课时目标绝非易事。教师不仅需要有先进的教学目标设计理念，懂得教学目标设计的一般步骤，而且需要明确教学目标设计的依据。

一、课程与教学目标制定的基本依据

教学目标设计的依据主要受学生发展、社会需要和学科内容三个方面的影响。

（一）学生身心发展的特点

学生发展是一切教学活动的出发点和最终目标，是教学目标设计需要考虑的首要因素。教学目标的设计要考虑学生发展的现有水平和潜在水平。学生发展水平可以从显性信息和隐性信息两个方面来考量。显性信息包括学生的年龄、性别、家庭背景、学业成绩等，可以通过查阅学生的基本资料获得；隐性信息包括学生的需要兴趣、学习习惯、知识结构、人际关系、未来发展潜力等，可以通过测量、课堂观察、访谈等方法获得。教师只有与学生建立良好的信任关系，才能获得真实有效的隐性信息。

（二）社会发展的需要

社会发展的需要包括两个维度：一是从空间维度看，学生所处国家、民族乃至整个人类的发展需求；二是从时间维度看，社会发展的需求不仅指社会生活的当下现实需求，还包括社会生活的变迁趋势和未来需求。教师要将当代社会生活的需求确定为课程教学的目标，可以从政治环境、经济环境和文化环境等方面分析社会需求不同的方面，将这些需求转化为教学目标，培养适应社会发展需要的人才。

（三）学科发展的客观要求

教学内容是教师在设计教学目标时必须考虑的关键因素。对于学科教师而言，教学内容的设计主要是对学科知识的二次加工。学科知识即学科的逻辑体系，包括学科的基本概念、基本原理，学科的探究方式，该学科与其他学科的关系等。学科内容有难易繁简之分，不同教师制定的教学目标也应该有所区别。目前教学内容主要以课程教学大纲、教科书或其他辅助材料等形式呈现，因此在设计教学目标时，教师必须仔细研读该课程在整个专业培养目标中的价值定位、课程单元在整个课程体系中的权重及目标要求，在此基础上对教学材

料进行重组扩展补充。

二、教学目标设计的主要理论

(一)教学目标分类理论

有效的教学目标设计应该建立在科学的理论基础之上，国内外学者围绕着教学目标提出了若干理论。国外的教学目标理论主要包括布卢姆的教学目标分类理论、安德森的学习目标和内容分类理论、加涅的学习结果分类理论和梶田叡一的教学目标类型理论。

1.布卢姆等人的教学目标分类理论①

美国学者布卢姆及同事提出的教学目标分类理论主要包括认知领域、动作技能领域和情感领域三部分。其中认知领域包括识记、理解、运用、分析、综合、评价六个层次。(1)识记是指能够对先前学过的知识材料进行回忆，包括对具体事实、方法、过程、理论等的回忆。(2)理解是把握知识或者材料意义的能力，这一目标可以通过转换、解释、推断三种形式来表明。转换是用自己的话或用与原先不同的方式来表达所学的内容；解释是对一项信息如图表数据等加以说明或概括；推断是预测将来的趋势或后果。(3)运用是把学到的概念、原理、方法、理论等应用于新的情景。(4)分析是把复杂的知识整体分解为各个组成部分并理解各部分之间联系的能力，包括部分的鉴别、部分之间关系的分析和认识其中的组织结构。(5)综合是将所学知识的各部分重新组合，形成一个新的知识整体。(6)评价是对材料如论文、观点、研究报告等作价值判断的能力。

动作技能领域分为感知、准备、有指导的反应、机械动作、复杂的外显反应、修改与创新六个层次。感知是了解动作活动的要求和程序。准备是对固定动作的心理定向、生理定向和情绪准备。有指导的反应是在教师指导下或者根据自己对结果的了解，不太熟练地执行简单动作。机械动作是能够自信地、熟练地执行简单的动作类型。复杂的外显反应是能够流畅地、精确地执行复杂的动作类型。修改是修正已经建立的动作类型，以便符合具体的情景和问题要求；创新是创造新的动作类型。

情感领域分为接受或注意、反映、评价、组织、价值体系的性格化五个层次。接受是学习者愿意注意某特定的现象或刺激。反应是学习者主动参与、积极反应，表现出较高的兴趣。评价是学习者用一定的价值标准，对特定的现象、行为或事物进行评判。组织是学习者在遇到多种价值观念呈现的复杂情境时，对某

① 参见(美)莫里森、罗斯、肯普:《设计有效教学》(第四版)，严玉萍译，北京:中国轻工业出版社2007年版，第100页。

种价值观加以比较或确定它们之间的相互关系，接受自己认为重要的价值观，形成个人的价值观体系。价值体系的性格化是指学习者通过对价值观体系的组织，逐渐形成个人的品性。

2.安德森等人的学习目标和内容分类理论

随着教育理论的发展，很多学者对布卢姆的教学目标分类理论进行了修订和改进。在美国教育研究专家安德森和克拉斯沃尔的主持下，联合教育心理学家梅耶等近10位专家对布卢姆等人的教学目标分类理论进行了修订，将教学目标分为知识维度和认知过程维度。把知识分为事实性知识、概念性知识、程序性知识和元认知知识四个维度，将认知加工维度分为记忆、理解、运用、分析、评价、创造六个层次。事实性知识是学习者在掌握某一学科或解决问题时必须知道的基本要素；概念性知识是指整体结构中基本要素之间的关系，表明某一个学科领域的知识是如何加以组织的；程序性知识是如何做事的知识，包括了技能、算法、技巧和方法的知识；元认知知识是关于一般的认知知识和自我认知的知识，即对“认知”本身的认知。与布卢姆的教育目标分类理论相比，这一理论将原有的“一维”教学目标分类理论改造为认知和知识的“两维”，不仅提出了四个水平的知识维度，而且在认知过程中突出强调认知过程的理解和创造的价值和特点。

（二）学习结果分类理论[①]

美国当代著名的教育心理学家加涅将学习结果分为态度、动作技能、言语信息、智力技能和认知策略五部分。态度是学生通过学习形成的影响个体行为选择的内部状态。动作技能包括两种成分：一是描述如何进行动作的规则，即动作的程序；二是因练习与反馈逐渐变得精确和连贯的实际肌肉运动。言语信息是指学生通过学习以后，能记忆诸如事物的名称、符号、地点、时间、定义、对事物的细节描述等具体事实，并能够在需要时将它们表述出来。智力技能是指学生通过学习获得了使用符号与环境相互作用的能力。这一能力由简单到复杂，由低级到高级可分为辨别、概念、规则和高级规则；认知策略是学生借以调节他们自己的注意、学习、记忆和思维等内部过程的技能，即自我监控或元认知。

加涅以学习者应具有的能力倾向作为其目标分类的基础，从一个新的视角提出了教学目标分类理论。他认为不同种类的学习结果需要不同的学习条件，要根据各种能力所需的学习条件确定教学目标。

① 参见张大均：《教学心理学》，重庆：西南师范大学出版社1997年版，第102页。

（三）教学目标类型理论①

日本学者梶田叡一在布卢姆教学目标分类理论的基础上，将教学目标划分为三种类型，提出了包括达成目标、提高目标和体验目标在内的目标体系。达成目标是学生必须掌握的具体的知识和能力，是任何学生都应达到的要求；提高目标是学生向某个方向不断深化提高和发展的目标；体验目标不以学生产生的某种行为变化为目的，而是以产生特定的内在体验感受为目的。这三类目标都包含认知、情感、动作技能领域的一系列目标。

（四）我国的核心素养理论

与国外理论相比，我国学者对教学目标的研究起步较晚，高校教学目标的设计仍以国外理论的应用为主。20 世纪 80 年代以来，我国教育改革和课程改革在原有的“双基”目标模式上，发展而成“三基”，即改变课程过于注重知识传授的倾向，强调形成积极主动的学习态度，使获得基础知识与基本技能的过程同时成为学会学习和形成正确价值观的过程。随着课程改革的不断深化以及对学生个性发展的重视，超越原有的“三维”课程目标提出了核心素养理论。核心素养框架是在新的历史时期落实立德树人战略目标的重要途径，是以人为本的时代特征对教育本质认识的催化，也是课程与教学目标设计的新标准。核心素养理论也成为从基础教育到高等教育都倡导的目标设计新思路。

第五节 大学课程与教学目标的制定过程

一、专业认证对教学目标设计的具体要求

（一）我国的专业认证现状

我国的专业认证是从工程教育起步的，目前已经开展了医学类专业认证、经管类专业认证和师范类专业认证，其他专业认证也在积极筹备中。1985 年以来我国在全国范围内进行专业认证的探索和实践；2005 年开始提出工程教育专业认证体系；2009 年我国开始实施认证学科的已经近 30 个；2016 年中国成为国际工程联盟大会《华盛顿协议》的正式成员，标志着我国工程教育质量得到国际认可。我国目前推进的认证组织机构主要有三个：一是中国科学技术协会所属的中国工程教育专业认证协会，它已经正式加入《华盛顿协议》和亚太地区工程组织联合会；第二个是由住房和城乡建设部所属的中国建筑学会和全国高等学校建筑学专业教育评估委员会，它已正式加入《堪培拉建筑教育协议》；三是

① 参见钟启泉：《现代课程论》，上海：上海教育出版社 1989 年版，第 311 页。

中国职业教育质量保障与评估研究会牵头组织的“《悉尼协议》应用研究高职院校联盟”，该联盟致力于《悉尼协会》应用研究和推进高职工程教育专业建设和实践。2017 年 10 月我国的教育部印发《普通高等学校师范类专业认证实施办法(暂行)》，正式开展师范类专业认证。2018 年 1 月教育部发布了《普通高等学校本科专业类教学质量国家标准》，成为高校本科专业开展专业认证的国家标准和操作依据。

(二)专业认证要求的教学目标设计

专业认证是基于目标达成的教育质量评价，因此在三大核心理念中，特别强调产出导向(OBE 理念)。产出导向聚焦于学生“学到了什么”“能做什么”，而不是“教的什么”，强调学生在受到专业教育之后的产出标准，将目标与产出紧密联系起来。培养过程始于目标设计，终于目标达成，教学目标必须对日常教学活动和学习结果起导向和保障作用。因此强调“反向设计、正向施工”的实施原则，即以学生学习效果为导向，对照毕业生能力素质要求，反向设计课程体系与教学环节，配置师资队伍和资源条件，评价专业人才培养质量。反向设计的本质是从专业培养目标出发，反向来设计教学目标，体现了一个从结果到预设的反向教学目标链条，即学校定位决定专业培养目标、专业培养目标决定学生毕业要求、毕业要求决定课程目标、课程目标决定教学目标、活动设计、师资及教学资源配置。正向施工则是从教学目标出发，由教学目标的达成实现课程目标的达成，再从课程目标的达成支撑毕业要求的实现，通过毕业要求的实现完成专业培养目标。“反向设计、正向施工”是一个由上向下设计，由下向上支撑的双向循环过程。以下实例可以看到专业培养目标定位的产出导向。

案例 2-2　专业培养目标表述

通信工程专业：具有面向通信与信息行业，口径宽适应面广的行业，培养具备通信基础理论，掌握各种现代通信技术能在信息通信领域从事科学研究、工程设计、设备制造、网络经营和技术管理以及能在其他相关行业从事与信息通信技术相关的开发及应用的高级技术人才。

小学教育专业：本专业以区域小学教育需求为导向，立足沂蒙、面向山东，培养以立德树人为己任，热爱党的教育事业，热爱小学教师工作，具有深厚学识和扎实的学科素养，能够有效开展小学学科教学和小学班队管理工作，善于学习并能结合工作需要开展教育教学研究活动，具有可持续发展能力的优秀小学教师。

专业培养目标定位于毕业生在未来五年的预期目标，基于不同的专业发展需求和办学特色进行设定。通信工程专业培养目标主要是面向相关行业的高级工程技术人才；师范类专业培养目标则体现“践行师德、学会教书、学会育人、学会发展”的教师专业标准。培养目标指引课程体系的制定和教学目标的设计。

二、课程与教学目标制定的主要环节

教学目标设计的过程包括以下四个环节：学情分析、教学内容解读、分解目标层次和表述教学目标。

（一）学情分析

学生的发展现状是教学的逻辑起点，只有充分了解学情，才能够为整个教学目标设计奠定基础。学情分析包括了解学生的学习期待、学习需求和学习准备状态等方面。

在了解学生的学习期待方面，教师可以通过问卷调查、访谈、观察等方式了解自己所教学生的学习愿望，如学生最喜欢什么样的课堂教学方式？更愿意教师布置什么样的作业类型？国内高校日益注重从课堂教学端来撬动大学教学质量，科学的学情分析为这种变革提供了可能。大学教师要提高课堂教学的吸引力，需要注重创设学生乐于接受的教学方式，基于学生需求打造“金课堂”。[①]

学生的学习需求既包括特定学段学生的群体共性需求，也包括不同学生的个别化需求。分析学生学习需求的目的是帮助教师在进行教学目标设计时思考以下问题：在这种情况下需要开展直接教学吗？如果不需要教学，那么应运用什么样的学生指导策略？如果有必要开展教学，那么应该教些什么？教学应达成什么目标，即最终应让学习者具有什么样的专业素养？

了解学生的准备状态包括认知准备状态、心理准备状态与情感准备状态。认知准备状态是学生既有的认知基础；心理准备状态是学生参与到当下学习活动中的自觉性和关注度；情感准备状态是学生学习的兴趣、态度。苏联学者维果茨基提出的“最近发展区”理论很好地解释了学生的认知准备状态。他认为学生的发展有两种水平：一种是学生的现有水平，指独立活动时所能达到的解决问题的水平；另一种是学生可能的发展水平，也就是通过教学所获得的潜力，两者之间的差异就是最近发展区。教学应着眼于学生的最近发展区，为学生提供带有难度的内容，调动学生的积极性，发挥其潜能，超越其最近发展区而达到下一发展阶段的水平，然后在此基础上进行下一个发展区的发展。美国学者布

① 张伟、张茂聪：《我国高校一流大学建设的校际经验——基于6所高校一流大学建设方案的文本分析》，《中国高教研究》2018年第5期。

卢姆根据一系列研究数据得出结论，学生的情感准备状态在一定程度上决定或影响学习成绩，情感准备状态与相关学科认知测验成绩的变化有25%的相关性。

（二）教学内容解读

教学内容解读的第一个任务是进行课程性质定位。教师要了解自己任教课程的专业属性，了解该课程在专业课程体系中的价值定位，如该课程在专业课程体系中是必修课还是选修课？属于理论性质的课程还是实践性质的课程？这一分析过程既要凸现学科理论知识的内在价值，又要挖掘学科理论应用于实践的工具价值。在此基础上对课程内容进行解读，了解该课程的学科结构或概念框架，以便于对课程进行诠释、加工，从而转化为具体的教学目标。

课程内容解读的第二个任务是分析课程的内容属性，将内容属性与教学目标对应起来。对于课程内容的分析可以从两个角度来进行：一是按照内容的基本属性分为陈述性知识、程序性知识、策略性知识三部分；二是按照内容的呈现方式分为事实、概念、命题、方法与技能、原理与规则、问题解决与创造等方面。每一种类型的内容对应着相应的教学目标要求，如识记、理解、运用、分析、综合、评价，从而形成内容和目标相关联的二维结构。

课程内容解读的第三个任务是分析内容的方法属性。不同的课程内容要求与之相适应的教学方法。在理论课上经常采用的讲授方法，就不能作为主要方法应用在实践或技能课上。教学方法的选择与设计既要与课程内容密切相关，又必须指向特定的教学目标，教师要根据课程内容的属性，结合学情特点，采取适合的教学方法、教学策略、手段等。

（三）分解目标层次

目标层次的分解是从毕业要求到专业目标，从专业目标再到课程目标，从课程目标再到单元教学目标的一个链条。日常的教学活动主要是根据专业培养目标，将课程目标分解为若干教学单元目标，在每一个教学单元目标下设置课时目标，每一课时的教学目标细化为相应的核心素养指标。与具体的教学目标相对应，组织安排若干学习任务或教学活动，以培养学生的学科素养、关键能力、必备品格和问题解决能力等核心素养。

（四）教学目标表述

按照教学目标呈现的方式，相应的表述方式主要有三种：

1.行为目标的“ABCD”表述法

(1)目标的表述。行为目标指用可观察和可测量的行为陈述的目标。美国学者马杰根据行为主义心理学的理论，提出了“ABCD”的学习目标理论与技术。A即Audience，意指“学习者”，他们是目标表述句中的主语。B即Behavior，意为“行为”，要求说明通过学习后学习者应能做什么，是目标表述句中的谓语和宾语。C 即 Conditions,意为“条件”,要求说明上述行为在什么条件下产生,是目标表述句中的状语。D 即 Degree,意为“程度”,要求明确上述行为的标准。标准可从行为的速度、准确性与质量等方面确定,如能够指认 8 个当中的 3 个则属于达到准确性;1 分钟内跑完 200 米属于速度要求;至少达到 80 分属于质量标准。

示例 1:给予 20 个要填写形容词的未完成的句子,学生能在 15 分钟内分别写出形容词以完成句子。请问其中的 ABCD 教学目标是什么?

答:A“学习者”是“学生”;B“行为”是“写出形容词”;C“条件”是“20 个需要填写形容词的未完成句子”,D“标准”是“15 分钟内完成句子”。

(2)行为目标设计应注意的问题。使用行为目标的表述方式应注意以下问题:

第一,行为主体必须是学生而不是教师。在目标表述时,不能采用“使学生……让学生……培养学生……”等教师控制行为活动的用语,而应该使用体现学生主体作用的“能问出……能描述……能设计……”等表达方式。

第二,行为动词必须是可测量、可评价、具体而明确的。不要使用不规范、标准模糊的行为动词。比如:“熟练掌握……的性质”“准确熟练地进行……的运算”“深刻理解……”

第三,教学目标的陈述要反映学习类型。教学目标中对学习类型的反映是通过能力动词来体现的,即不同类型的知识,采用不同的能力动词来陈述(见表 2-1,表 2-2,表 2-3)。

表 2-1　　认知领域教学目标可供选用的行为动词

目标层次	目标特征	可供选用的行为动词
知道	对信息的回忆	为……下定义、列举、说出(写出)……的名称、复述、排列、背诵、辨认、回忆、选择、描述、了解、指明
领会	用自己的语言解释信息	分类、叙述、解释、鉴别、选择、转换、区别、估计、引申、归纳、理解、举例说明、猜测、摘要、改写
运用	将知识应用于新的情境	运用、计算、示范、改变、阐述、解释、说明、修改、制定计划、方案、解答
分析 综合	将知识分解找出各部分之间的联系;将知识各部分重新组合,形成一个新的整体	分析、分类、比较、对照、图示、区别、检查、指出、评价; 编写、写作、创造、设计提出、组织、计划、综合、归纳、总结
评价	根据一定标准进行判断	鉴别、比较、评定、判断总结、证明、说出价值

表 2-2　　动作技能领域教学目标可供选用的行为动词

目标层次	目标特征	可供选用的行为动词
知觉能力	根据环境刺激做出调节	旋转、屈伸、保持平衡、按住某物体、踢、移动
体力	基本素质的提高	提高耐力、迅速反应、举重
技能动作	进行复杂的动作	演奏、使用、装配、操作、调节
有意识交流	传递情感的动作	用动作表达感情、改变脸部表情、舞蹈

表 2-3　　情感领域教学目标可供选用的行为动词

目标层次	目标特征	可供选用的行为动词
接受或注意	愿意注意某事件或活动	听讲、知道、看出、注意、接受、赞同、容忍
反应	乐意以某种方式加与某事	陈述、回答、完成、选择、列举、遵守、听从、称赞、欢呼、表现、帮助
价值判断	对对象或行为做价值判断，从而表示接受、追求某物，表现出一定的坚定性	接受、承认、参加、完成、决定、影响、支持、辩论、论证、判别、区别、解释、评价、继续
组织化	把许多不同的价值标准组成一个体系，并确定它们之间的相互关系，建立重要和一般的价值	讨论、组织、判断、使联系、确定、建立、选择、比较、下定义、系统阐述、权衡、制定计划、决定
个性化	具有长期控制自己的行为逐渐形成个性化的价值体系	修正、改变、接受、判断、拒绝、相信、继续、贯彻要求、抵制、认为一致

第四，行为条件是指影响学生产生学习结果的特定的限制或范围，为评价提供参照的依据。

马杰的 ABCD 表述方法描述的是学生的外显行为，确定的学习目标比较具体、明确、清晰，也便于观察和测量，但其局限性也很明显。该方法过分重视学习结果的行为化，并没有考虑到有时学习过程也是重要的学习结果，也没有很好地关注学生内部心理的变化。

2.内部过程与外显行为相结合的综合目标表述法

美国学者格朗伦在《课堂教学目标的表述》中提出,先用描述内部心理过程的术语来表述学习目标,以反映理解、运用、分析、创造、欣赏、尊重等内在的心理变化,然后列举反映这些内在变化的例子,从而使这些内在心理变化可以观察和测量。①

示例:学习"人类与环境"这一主题,要求学生树立社会主义生态文明观,综合性目标可以表述为:

母目标:学生能树立社会主义生态文明观。

子目标:(1)能说出社会主义生态文明观;(2)能运用所学知识批判现实生活中"破坏环境"的行为和思想。

3.表现性目标的表述法

美国学者艾斯纳在批判行为目标基础上提出了表现性目标理论。表现性目标是指学生在具体的教育情境、教学活动和学习活动中的个性化表现,旨在培养学生的创造性,强调学习及其结果的个性化。表现性目标要求明确规定学习者应参加的活动或项目,关键在于突出学生学习表现的特性,但不需要用统一的标准去衡量和评估。

示例:观看《网络工程师培训 1》,交流自己的想法。

(1)用自己的语言描述《网络工程师培训 1》的意境。

(2)小组合作设计一个班级标识 logo,并在课堂上发表设计思路。

(3)参观科技园并讨论那里有趣的科学发现

思考与练习

一、简答题

1.下面是《教学设计》这门课程在认知领域中的几个目标,请大家分析它们分别归属于哪个学习目标层次。

(1)能记住"教学设计""教学目标""教学模式""教学评价"等名词术语。

(2)能结合网络环境的特点,运用教学设计的方法开展网络教学设计。

(3)能用教学流程图的方式表示"问题探究教学模式"的实施过程与步骤。

① 参见[美]诺曼·E.格朗伦德、苏珊·M.布鲁克哈特:《设计与编写教学目标》(第8版),盛群力、郑淑贞、冯丽婷译,北京:中国轻工业出版社2017年版,第3页。

(4)能概述教学资源设计的方法。

(5)能比较两份教学设计方案的优劣。

(6)能运用所学知识,分别设计一份教学资源设计方案和教学过程设计方案。

2.请指出以下行为教学目标的 ABCD 要素各是什么。

(1)历史学专业的学生参考教师提供的阅读材料,能全面比较两种古代文化的差异,并列举每种文化的主要特征,至少 5 个。

(2)科技兴趣小组的全体成员通过集体讨论,写出一篇关于科学家传记的读书报告,要求感情真挚、文字流畅,字数在 2000 字左右。

(3)在实验室测试时,现代教育技术学选修课的学生,能在 30 分钟内做好刻录光盘的准备工作。

3.这些教学目标的制定是否符合教学目标的设计要求?

案例:师范类专业《教育科学研究方法》的学习单元之一"教育研究问题的提出"教学目标。

该部分教学目标支撑《教育科学研究方法》的课程目标 1 和目标 3。课程目标 1:理解和掌握基本的教育研究方法,重点内容包括:选题、文献检索、研究设计、实验法、调查法(问卷法、访谈法、测量法)、观察法。课程目标 3:培养学生对该教育研究的兴趣和情感。由此制定以下教学目标:

(1)理解选择和确定研究问题的意义。

(2)掌握选择研究问题应遵循的原则。

(3)了解教育研究课题的来源。

二、材料分析题

阅读、分析下面材料并回答问题。

这堂体育课是艾默特女士在操场上进行的。艾默特老师穿着鲜艳的健美服。10 分钟热身操后,进入了这一课的主题教学——教学一个德国乡村婚礼上的集体舞。这个舞蹈共有四个动作:向左移三步;右手脱帽,弯腰行礼;将礼帽扔向空中并拣回。那些学生简直是左右不分,有的左手执帽,有的右手摘帽,有的先移左脚,有的先动右脚;伴随着音乐,有的弯腰,有的挺身。于是胳膊碰胳膊,屁股撞头,混乱不堪。只有一个动作是一致的,那就是将手中的帽子扔向空中,再满操场地跑着捡回来。那些学生是一脸的汗水和喜悦。评课开始了。评课教师凯根先生简单地介绍了艾默特老师的情况,然后便直奔主题,一连串地提出了三个尖锐的问题:

(1)你认为上体育课有必要穿得如此专业吗?

(2)你认为这堂体育课完成了教学目标吗?

(3)你认为这堂课有何不足?

艾默特老师沉思了片刻,答道:"我觉得自己穿着健美服上体育课很有必要。因为,我给学生带来了美感。"她解释道:"在这个班上,常有女生对我说'艾默特小姐,我真希望以后像你这样苗条!'也有许多男生夸我说'你的身材真棒!'因此,我想,专业服饰在这个班上有利于我的教学。""至于学生舞蹈动作的不整齐和不规范,我认为应当指出,这是一堂体育课,而不是一堂舞蹈课。所以,舞蹈动作的整齐和标准,不是这堂课的教学目标,舞蹈只是我的教学手段。我只是利用学生渴望学习舞蹈的心理,让他们达到一定的运动量。你们都看到了,我的每一个学生都达到并超过了这堂课的运动量目标。所以,我认为我的教学目标完成得很好,没有什么遗憾和不足。"接着,督导们开始讨论了。每一位发言的督导都用与艾默特问答的方式发表了自己的意见,同时也给艾默特以解释的机会。在这样的交流过程中,每一个教学环节的弊端也渐渐显现出来了——那就是,整堂课上学生对这个乡村婚礼上的集体舞蹈没有一个完整准确的形象感知。

最后,凯根先生在总结这节活动课时指出,有必要让学生课后看录像,以弥补学生对这个舞蹈缺乏整体认知的缺陷。

请你对这堂课的教学目标是否达成作出评价,同时评价凯根先生对这堂课的评价。

第三章　大学课程内容的选择与组织

学习目标

1.了解课程开发的基本概念、原理与几种代表性模式的主要观点；评价不同课程开发模式的优缺点。

2.能结合实例，比较分析课程开发的目标模式、过程模式和实践模式的区别与联系。

3.了解课程开发的影响因素，并能结合实际教育情境进行分析。

4.了解大学课程内容组织的基本理论，并能结合实际教学资源，开展大学课程内容的设计与开发。

案例 3-1　特色课程开发与学校课程建设

星期四下午，导师邀请研究生小魏参加学校课程建设教研会。小魏对此很有兴趣，准备好纸笔材料跟随导师直奔会场。

分管教学的副校长首先发言："上周例会，我们为大家详细介绍了××学校的'博雅教育'课程体系。××学校是全国课程改革的'领头羊'，他们的变革性实践代表了优秀高校课程建设的未来方向。今天，大家都来谈一谈我们自己关于学校课程建设方面的想法吧，建议也好，困惑也行！"

教研室李主任马上接过校长的话题："自从实行高等教育体制改革，咱们学校已经开发了近 20 门特色课程，特色课程开发和学校课程建设到底是什么关系？我个人觉得这个问题很重要，但是自己又想不明白。"

业务骨干王老师接着说："学校课程开发是灵活的、开放的，但也应该是有章可循的。我们的特色课程开发一直处于摸索状态，想到哪儿做到哪儿，还没有总结出系统的规范来。如果我们决定要向××学校那样去改革，我希望能够提前学习比较成熟的经验或是模式。”

王老师刚说完，马老师就抢着说：“作为一名教师，教书育人是天职，我觉得能把国家规定的那些课程让学生掌握好就已经很不容易了。除了这些，大家平时还要评课、评优、评职称、开会、进行班级日常管理，哪还有时间用在学校课程开发上呢？我们和××学校毕竟还有相当大的差距，咱们的实际情况是不是应该认真分析一下?!”

马老师说完后，刘老师不紧不慢地回应道：“刚才马老师说的学校课程建设过程中存在的一些困难，我想是有的。但我想说的是，学校课程建设具有很重要的实践意义，××学校的学生是多么喜欢他们改革之后的课程呀！目前我们的重点应该放在如何才能优质高效地进行特色课程建设，而不是讨论要不要进行建设。就我校而言，我们需要认真分析能利用的资源条件，但更重要的是，我们要梳理思路、取得共识，这样大家就可以心往一处想、劲儿往一处使了。”

……

讨论还在继续。小魏一边听各位老师的发言，一边在心里琢磨：要建设有特色的学校课程，还真不是一件一蹴而就的事情。如何理解课程开发？如何保证开发质量？如何调动教师参与学校课程建设的积极性等等。想着、想着，小魏陷入了深深的沉思之中。

课程开发究竟指的是什么？课程开发过程中需要考虑到哪些因素？这些因素是如何组织起来的？存在一套放之四海皆准的完美的课程开发体系吗？

第一节 大学课程内容开发的基本理论

一、课程开发的概念

（一）课程开发的定义

关于课程开发，不少学者曾采用课程编订、课程建设等概念来描述课程从无到有的创建活动。尽管这些用语存在细微的语义差别，但它们都共同强调了课程的制作和构建。

1935 年，美国学者卡斯威尔和坎贝尔合著的《课程开发》出版，“Curriculum Development”一词引起人们的高度重视。20 世纪 20～40 年代，我国教育工作者习惯用“课程编制”或“课程编订”的表述。20 世纪七八十年代以来，又出现了“课程开发”“课程发展”“课程研制”等概念。目前，“课程开发”是比较通用的说法。

概言之，课程开发指的是完成一项课程计划的整个过程，即课程开发是一个不断改进的过程，是一项系统工程，涉及多个阶段与多项工作。美国的“课程理论之父”拉尔夫·泰勒认为，课程开发包含四个要素：确定目标、选择经验、组织经验和评价结果。

（二）课程开发的基本环节

1.课程设计

广义的课程设计是指拟订一门课程的组织形式和组织结构，包括基本的价值选择，具体的层次包括技术上的安排和课程要素的实施。狭义的课程设计是指在学校教育环境中，旨在使学生获得的、促进其迁移的、进而促使学生全面发展的、具有教育性经验的计划。这种课程观突破了课程局限于课堂教学中的观念，把课程范围拓展到整个学校教育环境中加以界定。突破了以往只注重知识、经验的积累的局限，把积累、迁移、促进学生发展等多方面因素作为指标，并将课程分为形式课程与环境课程。所谓形式课程是在教育者的直接参与或指导下完成的，而环境课程则不需要教育者的直接参与。课程设计主要包括以下几个环节：设计课程方案；制定课程计划；研制课程标准；编写教科书。

2.课程实施

现阶段对课程实施的认识并未形成统一的定论，但普遍意义上可以这么来理解：课程实施是将编制好的课程计划付诸实践的过程，是实现预期的课程理想、达到预期的课程目的、实现预期教育结果的手段；课程实施的焦点是实践中发生改革的程度和影响课程实施的那些因素。课程实施主要有三种取向：忠实取向、相互调试取向和课程创新取向。

3.课程评价

课程评价是指根据一定的标准和课程系统信息，以科学的方法检查课程的目标、编订和实施是否实现了教育目的，实现的程度如何，以判定课程设计的效果，并据此作出改进课程的决策。也可以认为是对课程达到的预期目标的状况与实际效果进行的价值评判。根据评价对象的不同，可将课程评价分为学生评价、教师评价、学校评价；根据评价主体的不同，可把课程评价分为自我评价和外来评价；根据评价目的的不同，可把课程评价分为诊断性评价、形成性评价和总结性评价；根据评价的参照标准或评价反馈策略的不同，可把课程评价分为绝对评价、相对评价和个体内差异评价；根据评价手段的不同，可把评价分为量性评价和质性评价。

课程评价主要有三种取向：目标取向、过程取向与主体取向。目标取向的课程评价主要代表人物是被称为“现代评价理论之父”的拉尔夫·泰勒及其学生布卢姆等人，他们认为课程评价是将课程计划和预定课程目标相对照的过程。在这里，预定目标是评价的唯一标准，它追求评价的科学性与客观性。因而，这种取向的评价的基本方法论就是量化研究方法，并常常将预定目标以行为目标的方式来加以陈述。过程取向的课程评价试图将教师和学生在课程开发、实施以及教学过程中的全部情况都纳入评价的范围之内，强调评价者与具体情境的交互作用，主张不论是否与预定目标相符，与教育价值相关的结果，都应当受到评价。主体取向的课程评价认为课程评价是评价者与被评价者、教师与学生共同建构意义的过程。

当前课程评价的发展趋势主要体现在以下几个方面：(1)既重视学生在评价中的个性化反应方式，又倡导让学生在评价中学会合作；(2)在评价方式上以质性评价整合以取代绝对的量化评价；(3)强调评价问题的真实性与情境性；(4)评价不仅重视学生解决问题的结论，而且重视得出结论的过程；(5)不断完善评价方式，重视采用灵活多样、具有开放性的质性评价方法。

第二节　大学课程内容开发的基本模式

一、目标模式

以“泰勒原理”为代表的课程开发的目标模式，是以教育目标为核心组织、规划和编制课程的开发模式。这一模式的奠基者是美国的课程论学者博比特、查特斯等人，拉尔夫·泰勒则是目标模式的最终集大成者。泰勒于 1949 年出版了《课程与教学的基本原理》一书，在此书中提出了他的课程开发目标模式。

(一)目标模式的基本内容①

(1)学校应该达到哪些教育目标？

(2)提供哪些教育经验才能实现这些目标？

(3)怎样才能有效地组织这些教育经验？

(4)我们怎样才能确定这些目标正在得以实现？

(二)目标模式的基本过程

(1)确定教育目标或课程目标。首先我们要确定教育或课程推进过程最后要实现的目标是什么。这实际上是一个目标系统，这个目标系统在我们的课程计划中要有步骤地体现出来。课程的具体目标应当是在总体目标指导下提出

---

① [美]拉尔夫·泰勒：《课程与教学的基本原理》，罗康、张阅译，北京：中国轻工业出版社 2014 年版，第 17 页。

来的能够使我们教学进行实际操作的目标。

(2)以具体行为和具体内容的方式阐述每一个目标。在教学和课程实施过程中,要想使每一个具体目标都具有可操作性,就要提出我们所认可的行为目标。有了行为目标,我们才能在教学中进行具体操作,才能在评价过程中依据这些目标实施具体的评价活动。

(3)确定使用目标的情景。目标只有在具体的情景中才能够体现出它的具体内容、目标指向和目标特点,所以我们要确定目标使用的情景,如在什么情况下实现某目标,实现这一目标需要什么样的条件,有什么样的人参加等等。

(4)确定情景呈现的方式。在具体的教学和课程实施中,我们要明确目标情景用什么方式呈现。

(5)确定获取信息的记录方式。如何收集、提取和分析信息以及在提取过程中使用什么样的方法和手段来实现目标,这些在我们的评价设计中要有实质性的设定。

(6)确定如何赋分。我们要确定评价所使用的计分方法、计分单位和计分形式,还要确定在赋分过程中的权重问题。

(7)确定获取样本的手段。在评价过程中,只有提取样本和证据才能进行有效的评价。获取样本需要一定的手段,这些手段包括实施的措施、收集信息的工具。

(三)对目标模式的评价

1.目标模式的主要优点

(1)它以目标为课程开发的出发点和中心,明确了方向,增强了效率。

(2)它将评价引入课程开发,使课程开发成为一个不断完善、自我更新的过程。

(3)它是一种明晰的、连贯的、便于操作的课程开发模式。

2.目标模式的主要缺陷

(1)它仅仅以行为主义心理学为依据,忽视了生动的课堂教学经验。

(2)它注重结果,却忽视了教育过程的价值创造与意义诠释,忽视了学生的主体作用与教师的创造性。

(3)它关注预期目标,却低估了非预期教育结果。

二、过程模式

(一)对目标模式的批判

过程模式是针对目标模式的不足和弊端提出的,是继目标模式之后又一种具有代表性的课程编制模式,由英国著名课程理论家斯腾豪斯 20 世纪 70 年代提出。他认为课程开发是一个过程，不能以事先确定的、由仔细分解的行为目标作为课程开发的依据，而应关注整个展开过程的基本规范，使之与宽泛的目标保持一致。

斯腾豪斯在1975年出版的《课程研究与开发导论》中，对目标模式进行了分析批判。[①] 第一，目标模式并不以对课堂教学的经验研究为依据，与那些研究成果亦不相符。第二，把课程内容分解为行为目标，是与知识的性质和结构相矛盾的。第三，目标模式把与教育的政治、教育的抱负、教育的个人化联系在一起的伦理的和政治的问题撇在一边，或使之变得模糊起来。第四，目标模式过高估计了我们理解教育过程、预测学习结果的能力。第五，目标模式只根据学生的行为变化来衡量课程与教学的成败，会导致一些误解。

(二)过程模式的基本内容

斯腾豪斯认为，批判要与建设相结合，为了批判而批判，是没有生命力的，"如果找不到一种可供选择的课程设计策略作为替代，批判目标模式便失去了意义"。[②] 为此，他在进行了大量的理论研究并吸收了英国许多课程编制的实践经验的基础上，提出了著名的过程模式课程开发理论。他认为编制课程不是先生产出一套"计划""处方"，然后予以实施和评价，而是一种研究的过程，其中贯穿着对整个过程所涉及的变量、要素及其相互关系的不断评价和修正。这个过程将研究、编制和评价合而为一，是个连续不断的过程，整个过程没有确定不变的必须实施的东西。

1.过程模式的理论基础

(1)进步主义教育理论。关注内在价值而非外在手段的教育哲学观。

(2)现代发展心理学。儿童不只是知识的被动接受者，更是主动探索者，学习过程是个体能动地与外界环境交互作用的过程。

(3)认知心理学。注重内在的、整体关联的认知结构的生成。

2.过程模式的教育观与知识观

(1)知识观。知识不是技能、信息等需要学生接受的现成的东西，而是学生进行思维的原材料。知识的价值在于作为思考的焦点激发各种水平的理解，而不是作为固定的信息让人们接受。

(2)教育观。教育是一种价值导向活动，教育活动具有自己内在的价值与

---

① 参见施良方：《课程理论：课程的基础、原理与问题》，北京：教育科学出版社1996年版，第174～176页。

② 参见袁顶国、刘永凤、梁敬清：《教学模式概念的系统分析——教学模式概念的三元运行机制》，《西南大学学报(社会科学版)》2005年第6期。

标准，而不是达到某种外在目的的手段或工具。教育的目的就在于培养学生的智慧，增进其自由及创造力。教育就是通过引导学生探索知识、思考知识来解放人，使人变得更自由。

3.过程模式的课程研制原理

(1)强调一般目标(教育宗旨)的作用。

(2)遵循实践逻辑的课程设计。

(3)知识的内在价值是课程内容选择的依据。

(4)倡导程序原则。

(5)运用开放系统及形成性评价。课程应该是一个开放的而不是封闭的系统，学生的学习不是直线式的、被动的反应过程，而是一个主动参与和探究的过程。在这一过程中，不存在简单的正确结果与错误结果。教学过程应关注学生个人的理解与判断。评价的重要性不在于确定预期目标是否实现，而在于向教师反馈教育过程的各种信息，向学生反馈学习状况和结果的各种信息，以促进教与学的共同发展。

(6)教师即研究者。斯腾豪斯认为，教育的改进主要依赖教师对教育实践过程的诊断而非预设目标的明确，因而教师应成为课程研究的主体之一。他明确提出了“教师即研究者”的口号。在过程模式中，教师还是一位“高级学习者”，他要具备探索的精神和技能，善于倾听，能激发思考，并能向低级学习者提供方法与材料。

(三)过程模式的评价

1.过程模式的优点

(1)过程模式在一定程度上弥补了目标模式的局限性，否定了目标模式关于确立和表述课程目标的行为主义和机械主义偏向，肯定了课程研究的重要性和课程内容的内在价值，并强调学习者的主动参与和探究学习，重视学生思考能力和创造性的培养，使课程开发更趋于成熟和完善。

(2)与封闭的目标模式相比，过程模式是一种开放系统。封闭系统的特点是预先决定行为目标，明确指出学习后应表现的所为，目标模式即属此类。开放系统则不同，学习不是直线式的、被动的反应过程，而是一个主动参与和探究的过程。

(3)过程模式反对把教育看成是达成目的的手段，而强调教育是一种过程。在这个过程中，学生获得求知能力，发展认知作用，增进批判能力，成为有灵活性、有教养的个人。但这些认知素质不是通过所记忆的知识量的多少或行为表现的改变所能反映出来的。

(4)过程模式反对视学生为被动的接受者，而提倡主动的学习和建构，重视发现和探究的学习。

(5)过程模式重视开放的、非形式化的学习环境。即为刺激学生主动地学习,教育环境的设计要鼓励学生自由选择、自由探究,在各种措施上、在氛围上,必须是开放的、非形式化的、结构松散的,使教室不成为讲堂,而成为讨论、交流的场所。

2.过程模式的缺陷

首先,过程模式虽诊明了目标模式的"病症",但未能开出更为理想而全面的或更为对症且见效的"药方",虽然论证了课程开发过程中的基本原则和方法,但在课程开发的程序设计上没有提出一个更为明确的方案,使课程开发者因缺乏具体的步骤难以开展卓有成效的工作。

其次,过程模式在否定目标模式通过阐述课程目标来开发课程的同时,又走向了否定目标的反面,把整个课程开发局限于对学科体系进行抽象、演绎的单一来源中,忽视了社会需要、知识的实用性以及学生的接受性。

再次,过程模式涉及"需要""兴趣""成长"及"发展"等概念,"需要"是一个价值名词,教师没有明确的准则去评价"需要"和在不同学习"需要"之间作出取舍。"兴趣"的界定和诊断亦不是易事,至于如何在不同学生的"兴趣"间作出选择,也缺少有力的说明。"成长"和"发展"形式的诠释涉及不同的价值立场。所以,这样的课程开发模式从客观性来说,又存在一定的问题。

最后,在实践上,过程模式还存在一些困难。一方面,对学生学习情况进行评价存在困难。评价要求有一个公共标准,然而在过程模式中,教师是学生成就评定的诊断者、鉴别者、批评家,而不是一位判分者。在这种情况下,有可能即使情况相同,每位教师给出的成绩都不同。从学生的角度说,如果信任教师的判断,当然就希望对其学习进行评判而非打分。反之,如果不信任教师的判断,就可能希望打分而非评判。另一方面是教师的能力问题。这个模式要求教师对学科中的各种概念、原理和标准不断地加以精炼,并加深对它们的认识和识别。斯腾豪斯也承认,过程模式对教师的要求太高了,因此在实践中完成它是十分困难的。

三、实践模式

(一)实践模式的提出

美国课程论学者施瓦布提出的实践模式课程理论主要是针对理论模式和目标模式等传统课程理论的反思与批判而提出来的。[①] 他指出传统课程理论太

① 参见史学正、徐来群:《施瓦布的课程理论述评》,《外国教育研究》2005年第1期。

强调课程理论的作用，往往习惯性地、不加思考地依赖理论。

(1)传统的课程开发模式受某一种指导性原理的控制，容易与课程实践相脱节，更多地带有抽象性、概括化特征致使理论很多而问题不断，不能有效地解决实践过程中出现的种种疑难问题。

(2)传统模式只根据学生的学习目标来衡量课程与教学的成败，只注重最终的学习结果，而没有把课程当作一个动态的实践过程，忽略了学生学习过程本身，忽略了对课程实践过程的评价。

(3)传统模式在“理论”“目标”的思想指导下，使得课程的开发、实施、评价具有很强的一般性、普遍性，且过于笼统化，而不具有针对性、个性化，培养出来的人才都是“大一统”的模式，不利于因材施教，不利于学生个性和创造性的培养。

(4)传统模式无论是理论模式还是目标模式，课程的开发权都在上级部门，而教师和学生是被排斥在课程编制过程之外的，他们只是课程的被动执行者，而非主动制定者、实施者。这实际上有悖于课程编制的规律，教师和学生是课程的有机组成部分，他们才是课程的真正主体。

(二)实践模式的基本内容

1.实践模式的课程价值——实践旨趣

实践旨趣是建立在对意义的“一致性解释”基础上，通过与环境的相互作用而理解环境的人类基本兴趣，它指向于内在事物，强调过程、手段，核心是理解环境并与之相互作用。[①] 很显然，传统的课程模式指向学生最终的学习目标，注重目的、结果和行为控制，通过事先制定好的行为目标来控制课程开发、实施、评价整个过程，它体现的课程价值自然是追求技术旨趣。相反，实践的课程模式把课程看作一个相互作用、有机的“生态系统”，认为它是建立在对课程意义的“一致性解释”基础上，通过这个“生态系统”要素间的相互理解、相互作用，实现学生兴趣、需要的满足和能力、德行的提高。所以，它指向课程实践过程本身(包括教师的教和学生的学)，注重手段、过程和相互理解、相互作用。

2.实践模式的课程主体——教师和学生

实践模式与传统模式相反，认为课程不能脱离教师和学生而制定，不应该将教师和学生孤立于课程之外，要改变他们被动接受课程、缺乏课程主体性的做法，强调教师和学生是课程的合法主体和创造者。教师是课程的主要设计者，在课程编制中起主导作用，并且在实施课程的实践中完全有权根据特定的情境，发挥自己的创造性，对课程内容予以合理的取舍、批判。同样，学生也是

---

① 参见蓝同磊:《施瓦布的实践性课程开发理论及其评价》,《南宁师范高等专科学校学报》2006 年第 1 期。

课程的重要主体和创造者。虽然,他们不能直接设计、开发课程,但他们有权对教师提供的课程进行选择,有权对于学习内容的价值以及如何完成这种学习内容等问题向教师提出质疑,并要求解答。通过这些方式,把学生的全部生活经验参与到课程改造过程中。

3.实践模式的课程开发方式——集体审议

集体审议(group deliberation)是一种新的课程开发运作方式,是在特定情境中通过对问题情境的反复权衡而达成一致意见,最终作出的行动决策。它贯穿于整个课程研制过程中。首先明确特定情境中迫切需要解决的问题,然后就各种事实判断和价值判断形成暂时的共识,充分考虑各种可能的途径来拟订各种备选的解决方案,其次对各种备选方案反复权衡,选择最佳方案;最后对各种备选方案进行局部的预演,反思已确定的目标,作出最终的一致性意见。

集体审议的结果是形成了一个"新的共同体",并在成员之间形成了新的交流方式。这种结果是所有参与课程审议的人都满意,并相信它是值得追求的。施瓦布同时提出,集体审议的主体是"课程集体",它是以学校为基础建立起来的,由校长、教师、学生、社区代表、课程专家、心理学家和社会学家等人员组成,并从中选出一位主席来领导整个审议过程。课程审议包含三个方面的"艺术":

(1)实践的艺术。首先是通过一系列"无关扫视",帮助我们从背景中识别问题所在,并初步赋予意义。其次是"问题形成的艺术",即对感知到的问题进行诊断,并用最佳的方式来表达这一问题。最后是"问题解决的艺术",即形成和选择备选方案。

(2)准实践艺术。准实践艺术是实践艺术的延伸,它不是针对个别、孤立的情境,而是针对由相互联系、多样的个别情境所组成的准实践的情境。准实践的艺术主要强调问题区分时的灵活性(即区分具体问题是属于哪个情境的能力)和问题表达时的流动性(即把系统的问题表达转化成具体行动)。

(3)折中的艺术。折中的艺术是指对各种理论进行折中、调和,它包括以下三种:①将理论、知识、观点与实际情境中的问题进行比较的艺术;②对各种理论、知识、观点进行修改、重组,以使其适应实际情境和问题的艺术;③超越现存的各种理论、知识、观点,创造新的行动方案的艺术。

施瓦布认为,课程审议的重点和主要内容应放在教师、学生、学科内容、环境四个基本要素之间的协调平衡上,其宗旨就是要谋求课程四要素间的动态平衡,它们之间的相互作用、相互影响的过程是课程审议的核心内容。其中,教师是确定课程目的和解决问题过程中的基本要素,是课程审议的第一手信息来源。学生在课程审议中占有重要地位,课程审议必须以学生的实际水平、年龄特征以及个别差异为依据。学科内容是课程审议的来源、对象,是具体课程的

“潜能”，通过课程审议成为最终的课程资源。环境包括课堂、学校、家庭、社区、特定的阶级、种族群体等，任何课程审议、决策都必须以对影响学生和学校的环境的理解为基础。

4.实践模式的方法论——行动研究

行动研究是指由社会情境（包括教育情境）的参与者为提高对所从事的社会或教育实践、该实践活动及其依赖的背景的理性认识而进行的自我反思性研究。在行动研究中，实践者即研究者，二者是直接统一的；实践过程即研究过程，实际问题的解决过程与研究过程也是合二为一的。

反思在这一过程中具有十分重要的作用，是行动研究的关键所在。实践模式将课程实践与课程研究统一起来，做到了课程问题的解决过程与课程研究过程、课程实践人员与课程研究人员的统一。因此，可以说行动研究的理念在实践模式中得到了充分的体现，实践模式是以行动研究为方法论的，树立了“课程行动研究”的典范。

（三）对实践模式的评价

1.实践模式的优点

（1）实践模式对传统模式进行了深刻的反思和尖锐的批判，使得广大教师从传统课程理论的束缚中解脱出来，并开始反省他们自己的课程编制和教学实践，这无疑对课程理论的发展和教师素质的提升都是一个很大的贡献。

（2）实践模式反对对“外来的”理论过分的、无根据的依赖，追求课程的实践价值，倡导对具体实践情境的理解与相互作用，强调课程理论必须经过课程实践的改造。这样，就把课程实践与课程理论有机地统一起来，从而使课程变得具有灵活化、情境化、生活化、个性化，真正体现教育的人本思想。

（3）实践模式假定课程理论是多元的，而且主要是从行为学科中借来的，因此指导学校课程改革的理论不是“单数”，而是“复数”。这种“复数”的课程理论是在多元背景下的多元理论，是随着具体的实践情境和问题本身而不断变化、发展的，并且代表了“课程集体”的多元文化价值。它有助于我们构建一种新型的多元文化课程，满足不同课程主体的价值愿望，增进不同课程主体的相互理解。

（4）实践模式充分尊重教师和学生的主体性。采用集体审议方式来开发课程，体现了课程开发的民主性，其课程决策模式是一种“自下而上”的模式。这有利于课程决策的科学化、民主化，对改革我国传统的“自上而下”的课程决策模式具有很大借鉴意义。

2.实践模式的不足

（1）实践模式虽然指出了传统模式的弊端，也提出了一些具体的课程审议艺术，但其操作性不强，主要影响还局限在观念层面上。美国学者哈里斯曾指出，从施瓦布课程观的提出到1986年，几乎见不到使用审议艺术的研究报告。

(2)实践模式过于强调“各种实践情境的独特性”，过于注重课程的实践价值，而忽略了客观存在的、一般意义的、可靠的理论，没有看到课程的理论价值的一面，从而难免会走向相对主义的极端。

(3)实践模式奉行多元的课程理论，强调对各种理论进行折中、调和，但由于各种理论本身的前提假设和价值取向各不相同，有些甚至相距甚远，结果很容易造成思路上的混乱，即使取得一种折中，最终得到一致性的结论，也很容易形成一种“虚假的一致”。

(4)实践模式虽然采用“自下而上”的集体审议的课程决策方式，让“课程集体”中的各方面代表发表自己的观点、意见，但由于各成员主体的文化水平、社会地位、利益需求、价值取向不同，对课程问题也很难取得完全一致的看法。集体审议的完全一致性原则在现实中很难真正做到，更多地带有一种理想的色彩。

四、课程开发模式对我国教育的启示

在高校课程开发过程中，需要借鉴课程开发的几种主要模式，开发有针对性的、丰富的课程资源，如高校的实践类课程。开发方面，由于缺乏经验和受传统教育模式的影响，高校课程建设中的实践课程环节，虽然已经受到学校及社会各界的重视，但仍存在实践课程与所学专业理论相脱节的现象。为了发挥高校实践课程的实质性价值，各地和各校应根据自己的实际情况开发实践活动课程，制定适应自身条件的实践活动的资源包或指导计划，以服务于高校学生专业学习的需要。①

案例3-2　马里兰大学“服务学习”课程开发②

马里兰大学作为美国最早开设服务学习课程的研究型大学之一，具有成型的服务学习课程开发模式。在1999年，马里兰大学通勤事务和社区服务部(Commuter Affairsand Community Service)组织相关人员开发了《服务学习教师手册》，由当时主管学术事务的副校长Geoffroy签署，旨在为马里兰大学教师提供服务学习简介和服务学习课程开发可资借鉴的模式。

---

① 参见李中国、黎光庆：《我国高校教师教学研究的热点状况分析》，《教育研究》2015年第12期。

② 参见杨春梅、王艳霞：《马里兰大学服务学习课程开发案例研究》，《高教探索》2013年第5期。

马里兰大学服务学习课程开发模式可以概括为PARE(Preparation Action Reflection and Evalua-tion)模式,即"准备—行动—反思—评价"的课程开发模式。这种模式充分体现了Kolb的"体验学习圈"(Experience learning cycle)理论的四个学习阶段,即具体体验、反思观察、抽象概括和行动应用。Kolb把体验学习看作是由具体体验经反思观察、抽象概括与行动应用并再回到具体体验所组成的完整过程。在这一过程中,学习者首先通过亲身参与产生了感觉或感受;接着通过对刚才的亲身经历或者通过交流和讨论所得到的感觉或感受进行分析、思考和评价,明确自己刚才学到了什么、发现了什么;然后,学习者把反思和观察到的结果进一步抽象,形成一般性的结论或理论,或者是对刚才所发现的现象和问题进行因果解释;最后,学习者还要在新的情境中检验结论或理论假设的正确性、合理性。如果检验得到了证实,学习暂告结束,即学生只要把刚才发现的结论迁移到其他情境中进行应用就可以了。如果检验没有得到证实,将会导向新一轮的具体体验,一个新的学习循环又开始了。因此,体验学习的过程又被形象地称为"体验学习圈"。

当前,我国高校课程开发还存在诸多问题,例如理论性课程体系相对完善而实践教学活动相对匮乏,重视德育和通识教育但实践不力,社会实践或社区服务活动内容与课程内容相关性差、走过场、可持续性差等,这些问题都直接影响着我国高校教育质量的提高。无论是专业教育、通识教育、德育还是社会实践,其共同的目标都是指向人的全面发展。课程开发应该更多地关注理论与实践的联结,注重课程实践化和实践课程化的统一,实现学生的全面发展。

第三节 大学课程内容的设计

一、课程设计的概念

课程设计主要指课程方案的拟订。它涉及目标、内容、经验组织(学习方式)、评价等要素安排,但重点是目标制定与内容的选择和组织。

课程设计主要包括课程计划、课程方案、课程大纲和教材的研制与编写。

二、课程设计的类型

(一)学科中心设计

学科中心设计即以学科知识为中心,按学科逻辑编制课程,它关注知识的系统性、完整性。其具体形式为：独立学科设计、关联学科设计（“文学”课结合“历史”“地理”课）、跨学科设计（“能”的概念）、大领域设计（“语言艺术”“社会研究”课）等。

（二）学习者中心设计

学习中心设计即以人为中心，强调个性发展，主张根据学生的需要、兴趣组织课程内容，安排课程活动。其具体形式有：经验中心设计、人本主义设计。如：杜威创办了芝加哥大学实验学校中的木工、编织、烹饪、园艺、戏剧等活动。英国尼尔（Neil）创办的萨默希尔（Summerhill）进步学校中的课程设置。

（三）社会中心设计

社会中心设计即从社会需要出发，跨学科选择、组织内容，它关注个人与社会生存问题，追求社会问题解决、个人自由与社会公正。其具体形式为：生活情境设计、核心课程设计、社会问题或改造主义设计。如环境保护、垃圾的分类与处理、贫困问题。

三、课程设计的层次

（一）制定人才培养方案

在我国高等教育发展历程中，人才培养方案是在20世纪90年代才开始广泛使用的。人才培养方案是高校人才培养目标和规格的具体化、实践化形式，它集中体现了一所高校的育人思想和办学理念，是高校实施人才培养过程的基本依据，也是提高人才培养质量的基本保障。

高校制定人才培养方案应该根据人才市场需求，在体现国家人才培养总体要求的前提下，依据国家相关文件要求，结合学校办学实际，对人才培养目标与规格、课程体系与实施方案等进行整体设计与确定。

人才培养方案包含三个特征：一是政策性。人才培养方案要符合教育政策要求、人力资源开发和管理的政策要求、高校自身发展的规划、制度和规定。二是实践性。人才培养方案不仅要明确育人进程、环节，更要提供制定依据、评价标准、实施保障等。三是学术性。人才培养方案要具备学科专业体系的规范性和前瞻性，符合人才成长的身心发展学规律，有利于学术共同体参与并发挥积极作用。①

（二）研制课程方案

专业教育是大学人才培养的基本形式，专业教育的开展是通过学生修习一定的课程体系来实现的。大学专业人才的培养毫无例外都要设置相应的课程，

① 参见李永玲等：《高校人才培养方案内涵及开发再认识》，《中国电力教育》2020年第5期。

构建相应的课程方案，形成专业人才培养的课程体系。我国1998年颁布的《高等教育法》规定："高等学校根据教学需要，自主制定教学计划、选编教材、组织实施教学活动。"此后，大学纷纷根据自身专业人才培养的要求制定所设置专业的课程方案。

课程方案是根据人才培养目标制定的有关学校教学和教育工作的指导性文件。它具体规定学校应设置的课程性质和类别，各门课程开设的先后顺序，课时分配和学年的编制等，并对课内的教学和课外活动等方面作全面安排。课程方案的研制要根据人才培养方案的要求和专业培养目标的定位，结合本校教育资源综合考虑。

第四节　大学课程内容的组织

大学教学活动有明确的目的性，不仅要根据目的有效地选择教学内容，还要根据目的有效地组织课程内容和教学活动。目的性和组织性是人的理性的重要方面，无论后现代的思想家如何轻视它，课程内容和教学活动也绝不是杂乱无章的、不可预知的生命之流。

一、课程内容的选择

（一）制约课程内容选择的因素

通常来说，学生身心发展、社会发展需要、科学文化发展是制约课程内容选择的主要因素。泰勒提出关于学习经验选择的一般原则：①提供机会让学生去实践该目标所隐含的行为；②使学生在从事目标所隐含的相关行为时获得满足感；③教育经验想要引起的反应是在学生力所能及的范围之内；④许多特定的经验都能实现同样的教育目标；⑤同样的学习经验常常会产生多种结果。

1.课程目标

课程内容的选择经常脱离目标，可能是当前课程领域极其重大的问题。课程目标虽包括认知、技能、情感三大领域，但在内容的选择过程中，往往只注重认知领域的有关内容。课程目标作为课程编制过程中首要的组成部分，对课程内容的选择起着指导作用。内容的选择必须对应目标，即有什么目标便有什么内容，让目标和内容取得一致。

2.社会发展需要

社会发展对学生素质发展的一般要求是课程内容选择的客观依据。一定的社会生产力发展状况与水平、政治制度、经济制度、社会文化等对学生的素质发展提出了不同的要求，学生要融入社会，必须认同社会主流的价值观念以及社会生活方式。因而在课程内容的选择上,需要注重社会取向,根据社会发展的需要,选择适应社会发展需要的课程内容。

当然,不能单纯地考虑现实社会的需要。教育是为未来社会培养公民的,如果仅仅从现实社会的需要出发选择课程内容,将会不可避免地出现人才培养滞后于社会发展的问题,所以教育应该先行,应适度超越现实社会。

3.学生身心发展的规律

课程的基本职能就是促进学生的发展。学生身心发展规律、水平以及需要,也制约着课程内容。一方面,课程内容的选择要考虑学生这一要素。学生身心发展的水平制约着课程内容的深度和广度。低于学生身心现有水平的课程内容将不能满足学生的发展需要,超越学生身心发展现有水平的课程内容,将会对学生造成过重的智力负担,过犹不及,同样会导致高等教育质量下降。所以应为不同专业、年级的学生设计不同的课程内容,同时注重课程内容的相对稳定性。

另一方面,课程内容的选择还应考虑学生身心进一步发展的需要。课程的基本功能在于育人,课程内容的选择必须满足受教育者身心进一步发展的需要,促进学生的个性自由发展。

4.人类文化知识本身

课程内容的基本要素是知识。课程内容的选择需要考虑人类文化知识和技术本身的特点和发展趋势。第一,人类科学文化知识是课程内容选择的直接来源,它制约着课程内容选择的范围。文化知识越丰富,课程内容选择的范围就越广泛。内容的选择必须从文化知识总库中选择最基础最重要的知识。第二,人类文化知识的发展速度制约着课程内容更新的速度。学校课程内容的选择就要注重科学文化知识的基础知识和基本技能,同时也要反映人类文化知识发展的最新成果以及新趋势。第三,人类文化知识的结构影响课程内容的结构。人类文化知识的发展从古代文化知识的萌芽状态,到近代文化知识的逐渐分化,再到现代文化知识的系统、成熟、完备,相应的课程内容也反映了不同时期文化知识的结构特征。在课程内容的选择上,应处理好各个因素之间的相互关系,孤立地强调某一因素对内容的制约作用会导致课程内容的片面。

(二)课程内容组织的原则

1.正确把握课程内容组织的不同取向

课程的组织不是价值中立的过程,任何课程组织模式总是受特定课程价值观支配。根据起支配作用的价值观的差异可以区分出四种取向。

(1)学科取向的课程组织。旨在围绕人类已有的知识按其内在的逻辑体系形成学科课程。这种课程组织取向强调学科的逻辑和知识的累积。学科取向的课程组织有利于学习者系统地学习人类文化遗产，掌握丰富的学科知识，促进智力的发展。但这种取向的课程组织其缺陷也是很明显的，它在某种程度上限制了知识的范围，不具备包容性的特质；对学生也不够重视，忽视了学生的需求、兴趣和经验；课程的组织过于强调学科逻辑，难以培养学生在社会、心理、身体等方面的全面发展。

(2)学生兴趣和发展取向。学习者取向的课程组织旨在围绕学习者的兴趣、需要、心理逻辑等组织课程。

这种课程组织适应学习者的个性差异，鼓励学习者主动学习，建立自己独特的知识结构，但是它忽视了教育的社会目标，也不利于学生建立逻辑严密的知识体系和掌握各种必备的技能。

(3)社会问题取向的课程组织。社会问题取向的课程组织旨在围绕主要的社会问题组织课程，这种取向强调课程是为学生适应或改进社会情境做准备，课程内容来源于社会的状况和情境。社会问题取向的课程组织理念最早可追溯到英国的斯宾塞，他首先提出了教育应为生活做准备的观点，从而引起人们对社会生活问题的关注。

(4)混合取向的课程组织。混合取向的课程组织旨在围绕学科逻辑、学习者的心理逻辑和社会问题三个方面组织课程。这种课程组织强调学科、学习者、社会三者彼此间的平衡与整合。支持混合取向课程组织的学者大都认为，学校课程的组织如果偏重于学科知识、学习者兴趣与需要、社会现实问题这三者中的任何一个方面，都是不恰当、不具有生命力的。学习者素质的全面提高离不开多方面经验的丰富和转化。因此，从本质上说，大学课程既不是简单地规定一些学术类科目，也不是随地积累一些个人体验，更不是零散地堆积一些社会问题，而应是学科知识、学生经验和社会发展需求的有机统一。

2.把握好纵向组织与横向组织的关系

所谓“纵向组织”，也称序列组织，就是指按照某些准则以先后顺序排列课程内容。近年来，一些教育心理学家从心理学的角度提出了新的序列组织原则。例如，布卢姆等人所著的《教育目标分类学》，是强调学习内容由简单到复杂按顺序排列的典型。学生生理的、社会的、理智的以及情感的发展，都是按一定顺序从内部加以调节的。因此，课程内容的组织必须顾及学生发展的阶段。

20 世纪 70 年代以后，一些教育家开始强调课程内容的横向组织原则，即要求打破学科之间的界限和传统的知识体系，以便让学生有机会更好地探索社会和个人最关心的问题。他们主张用诸如“大观念”“广义概念”和“探究方法”作为课程内容组织的要素，使课程内容与学生校外经验有效地联系起来。他们强调的是知识的广度而不是深度，关心的是知识的应用而不是知识的形式。

横向组织在实施中也会出现一些实际问题:①任课教师要精通或熟悉各门学科的内容,而教师队伍尚不具备这一条件;②学校课程表难以安排,学校现有的物资设施也跟不上;③学生难以应付通行的考试方式。

3.遵循逻辑顺序与心理顺序的统一

所谓"逻辑顺序",就是指根据学科本身的系统和内在的联系来组织课程内容;所谓"心理顺序",就是指按照学生心理发展的特点来组织课程内容。越来越多的人倾向于学科的逻辑顺序与学生的心理顺序的统一。一方面,课程内容应该考虑到学科本身的体系。学科体系是客观事物的发展和内在联系的反映。通过学习科学的学科体系,可以使学生了解自然界和人类社会的发展过程。另一方面,课程内容是为学生安排的,如果不符合学生认识的特点,学生就难以接受,那么再科学的内容也是无效的。

4.处理好直线式与螺旋式的关系

直线式就是指把一门课程的内容组织成一条在逻辑上前后联系的直线,前后内容基本上不重复。螺旋式则要在不同阶段上使课程内容重复出现,但要逐渐扩大范围和加深程度。

直线式和螺旋式这两种在课程史上形成的课程内容组织形式,在现代教学与课程理论中仍然在以不同的方式出现。例如,苏联教学论专家赞科夫主张采用直线式课程,而美国教育改革家布鲁纳则主张采用螺旋式课程。就一般情况而言,直线式与螺旋式都各有其利弊。直线式可以避免不必要的重复,螺旋式则容易照顾到学生认识的特点,加深对学科的理解,二者的长处也正是对方的短处。其实,直线式课程和螺旋式课程对学生思维方式有不同的要求,前者要求逻辑思维,后者要求直觉思维,两种组织形式具有互补性。

(三)课程内容选择的基本环节

在了解课程内容的制约因素和组织原则的基础上,课程内容的选择基本上包括以下四个环节:

第一,确定课程内容的价值观。其核心问题是回答"什么样的人才是受过教育的人"。

第二,确定课程目标。这是课程价值观的具体化,也是课程内容选择的关键。

第三,确定课程选择的三种基本取向。对课程选择基本取向的认定取决于特定的课程价值观。

第四,确定课程内容。即确定与特定课程价值观和课程目标相适应的课程要素。

二、课程内容的组织

(一)课程组织的内涵

课程组织是指将构成教育系统或学校课程的要素加以安排、联系和排列的方式。这些要素包括教学计划与方案、学习材料、学校器材与学校设备、评价与检查体系的要求等。学校或学院的气氛,社会、社区、家庭对学校的支持,学生的能力和兴趣以及教师的风格与策略,这些因素虽不太明显,但也是同样重要的。需要组织的课程比各学科或领域的大纲内容要丰富得多,它是学习的环境、教师的目标和价值观,以及学生的学习经验的整合。组织课程是一项关键而又复杂的任务,教育系统的全部工作都建立在它的上面。

(二)课程组织的要素

1.传统的四要素分析法

课程的宏观要素包括学习者、教育者、教学材料和教学环境。学习者主要包括性别、年龄、地区、民族、家庭、智力、学力、专长、兴趣、爱好、性格、气质、品德等;教育者包括修养、风范、魅力等;教学材料包括基本阅读材料、扩展阅读材料、图书资料、教学设备等;教学环境包括校园环境、周边环境等。

2.情理结构分析法

情理结构分析法把课程的组织要素分为情境—情感、知识—情感、能力—情感。价值—情感、信仰—情感五个基本的结构单位。传统的四要素分析法把课程看成影响学生成长的客观实在。这种主客二分的课程观虽然把学习者也看作课程的一个要素,但它是一个在师生之间、学生之间产生相互影响的要素,仍然是对象性的存在。情理结构把课程理解为学生在教师的指导下体验、选择和创造的生存智慧,将主体和客体融为一体,强调只有通过学生感受和体验过的课程,能够成为学生生存智慧的课程才是真正的课程。

三、课程内容的组织结构

课程结构是课程各部分的配合和组织,它是课程体系的骨架,主要规定了组成课程体系的学科门类,以及各学科内容的比例关系、必修课与选修课、分科课程与综合课程的搭配等,体现出一定的课程理念和课程设置的价值取向。课程结构是针对整个课程体系而言的,课程的知识构成是课程结构的核心问题,课程的形态结构是课程结构的骨架。

大学课程结构优化的实质是以创新性人才培养为指导思想,对现有课程结构进行合目的性的改造。个性是创造性萌生的土壤,因此,大学课程结构的改革应以学生个性的培养贯穿始终,同时,课程结构的改革要自觉顺应国际潮流,努力实现课程的基础化、人文化和国际化，切实增大选修课程和实践课程在课程体系中的比例，并改革现有课程组织方式，以增强学生对未来工作的适应能力，并使个性的培养落到实处。

(一)社会本位的课程结构

1952年院系调整后至今，我们国家的大学课程结构是一种社会本位的课程结构。严格地说，是一种以社会的职业需要为价值取向的课程结构。由于它并没有涉及社会生活的方方面面，可以直接称之为专业本位的课程结构。其结构特点是，把课程分为基础课、专业基础课和专业课之类。

基础课程指的是学生达到专业培养目标要求所必需的基础知识和基本技能课程，从管理角度上，人们常把这类课程分成两个亚类：一是公共基础课程或共同课程，是所有大学生都必须学习的。如大学的政治理论课程、外语课程、军训课程等。这些课程与专业没有或少有直接联系，但却是大学生必须学习的。另一类是某一科类的学生必须修习的基础理论、基本知识和基本技能课程。如工科学生都必须学习高等数学、物理学、力学、制图学等。

专业基础课程是一个专业的学生所必须修习的基础课程，如机械制造专业的机械原理、机械零件、材料力学、机械制图等。这类课程根据不同专业的情况，也有的细分为若干亚类，如上面所说机械制造专业的专业基础课，就被分为专业基础理论课和专业技术基础课。

专业课是某个专业为体现该专业特点并根据该专业特殊需求而设的。有些高校为了加深专门人才的某方面知识能力，还开设了一些针对性课程。这些课程也可归为专业课的范围。

(二)学科本位的课程结构

学科本位的课程结构是按照学科知识的内在逻辑、学科研究的特点和学科发展的要求组织起来的课程结构。英国大学的课程结构各有差别，但都是典型的学科本位的课程结构。比如像牛津大学那样的老牌大学按院系设科，并无专业的划分，牛津大学拥有几十个学院，各院设若干系。系是基本的教学单位，主要设置单科课程、双科课程和三科课程三种课程，尤以单科课程为主。当前国内高等学校的课程结构，较多也遵循了学科本位的课程结构。

(三)人性本位的课程结构

人性本位的课程结构是按照人性和人性发展的要求组织课程要素而形成的课程结构。中国古代的课程结构就是一种人性本位的课程结构，近代以后学习西方的科学技术，模仿西方的大学，改变为学科本位的课程结构，院系调整过程中模仿苏联的做法，改变为社会本位的课程结构。欧洲高等教育走的道路恰恰相反。在古代，他们的课程结构是专业本位的，近代以后随着科学技术的发展，转变为学科本位的课程结构。第二次世界大战以后，美国的大学开始反思学科本位的课程，在传统的自由教育的基础上提出通识教育的理念，更多地关注人的教育。从 20 世纪 60 年代末开始，学术中心课程受到严厉的批判，人性本位的课程兴起。以人为本的课程十分重视学生的个性特征，其目的是发展学生的个性特征，因此它把课程分成保证所有学生基本学力的必修课程和适应学生个性差异的选修课程。

思考与练习

一、简答题

1.泰勒目标模式的基本内容有哪些?

2.试比较课程开发过程模式与实践模式的区别。

3.结合高校课程内容开发的具体案例，探讨课程内容应当如何组织。

4.实地调研所在学校课程开发与应用的实际情况，并结合课程开发相关理论谈谈你的看法。

二、材料分析题

仔细阅读下面关于大学体育课程资源开发的案例，试从学校课程建设角度评价该课程内容资源的开发。①

随着国家高等教育政策的调整和高等教育规模的不断扩大，高校体育教学出现了场地、器材等基础教学设施不足，体育课程排课困难等问题。2002 年以来，“野外生存生活训练”课程走进高校体育课程体系，得到学生的高度认可。兰州理工大学体育部将“野外生存、生活训练”作为高校体育课程内容的拓展，把原有仅限于学校体育课程的跑、跳、投、攀爬、跨越等基本内容，扩展到社会、大自然，充分利用甘肃省丰富的资源条件，开展野外生存、生活训练的课程内容资源开发。

课程的设计如下：

第一阶段：准备阶段。准备内容包括：野外生存、生活训练课的理论知识；野外动植物常识；各项主要技能；体能训练；实践活动安全保障；实践活动的组织与必需的物质准备和心理准备等。

---

① 马洪保:《甘肃省高校户外运动课程内容资源开发研究——以兰州理工大学为例》，兰州理工大学硕士论文，2011 年。

第二阶段:实践活动。活动主题包括:行军、野营、野炊、登山、溯溪、篝火晚会等。

这一户外运动课程内容资源的开发对打破传统体育教学模式的束缚和促进高校体育课程改革具有一定的现实意义。

第四章　大学课程与教学设计

学习目标

1.识记教学设计的概念并能用自己的语言阐释教学设计的内涵。

2.了解教学设计的本质及其特点，能对教学设计的特点加以解释。

3.陈述研究教学设计的教学论意义，区别教学设计与课程设计、学习设计的概念和研究范畴之间的差异。

4.描述和比较加涅、梅瑞尔教学设计理论的主要观点和思路。

5.比较几种教学设计的不同，陈述教学设计模式的主要内容，对教学设计模式的应用范畴形成清晰认识。

6.能从总体上把握教学设计的基本内容和方法，按照教学设计的思想和方法进行教学设计并作出评价。

第一节　教学设计概述

一、设计与教学设计

(一)设计与教学设计

“设计”一词是人们熟悉的语汇，常见的词组有工业设计、建筑设计、美术设计、服装设计等等。《辞海》中解释“设”有筹划、假如、放置的意思，而“计”则有商量、策略的意思。“设计”连用常被理解为计划、规划和设想。在实际应用中，设计带有名词和动词的双重词性。作为动词，表示规划和计划的过程；作为名词，则代表一种产品或一个计划。设计强调适用创新，设计可以张扬人的个性，可以让人们表达自己对事物对生活的不同理解。从一般意义上讲，“设计”就是指按照任务的目的和要求，制定工作方案和计划的过程或结果。

教学设计(Instructional Design，简称 ID)，也称教学系统设计，是一种活动或过程，也是一门科学。对教学进行规划安排的设计行为，古已有之，但仅限于经验层面。从 20 世纪 60 年代开始，当人们尝试用科学的眼光和方法去看待和研究教学设计的时候，教学设计的理论与实践得到了迅速的发展。近半个世纪以来，数百种教学设计的模型和理论涌现出来，新的思想和方法层出不穷。教育学、心理学、社会学、人类学的研究成果为教学设计的发展创设了理论基础；系统科学理论、建构主义思想为教学设计提供了思想引领；媒体技术、网络技术的发展为教学设计提供了技术保障。教学设计已经成为一个重要的研究领域。教学设计作为教学的发端，是教学系统的重要组成，它针对教学系统、教学内容、教学产品、教学环境进行规划，注重问题解决和策略形成。它同"设计"一样，既可以是设计的过程，也可以是设计后得到的成果。

(二)教学设计的内涵

什么是教学设计？对于这个问题，研究者们从不同的角度进行了界定。

1.西方学者对教学设计的解释

教学设计的奠基者加涅(R.M. Gagne)认为，教学是以促进学习的方式影响学习者的一系列事件，而教学设计是一个系统化规划教学系统的过程。

教学设计专家肯普(J.E.Kemp)认为，教学系统设计是运用系统方法分析研究教学过程中相互联系的各部分的问题和需求，确立解决它们的方法步骤，然后评价教学成果的系统计划过程。

帕顿(J.V. Patten)认为，教学设计是对学业业绩问题的解决措施进行策划的过程。

美国教学设计专家梅瑞尔(M.D. Merrill)则认为，教学的目的是使学生获得知识技能，教学设计的目的是创设和开发促进学生掌握这些知识技能的学习经验和学习环境。

由此可见，西方学者对教学设计的理解主要集中在两个方面：一方面，它是系统规划和计划教学系统的过程；另一方面，它是创设和开发学生学习经验和环境的技术。

2.我国学者对教学设计的解释

教学设计自 20 世纪 90 年代传入我国，我国学者进行了大量的研究。对于教学设计的概念，我国教学设计专家乌美娜将之定义为：教学系统设计是运用系统方法分析教学问题和确定教学目标，建立解决教学问题的策略方案、试行解决方案、评价试行结果和对方案进行修改的过程。

何克抗等学者认为，教学设计主要是运用系统方法，将学习理论与教学理论的原理转换成对教学目标、教学内容、教学方法和教学策略、教学评价等环节进行具体计划，创设教与学的系统"过程"或"程序"，而创设教与学系统的根本目的是促进学习者的学习。

盛群力教授的观点与梅瑞尔类似，他认为教学设计被用来设计一种学习环境，并且对环境中的各项活动先后顺序作出合理安排以促进学习。

也有学者另辟蹊径，以主体性为基础定义教学设计，如钟志贤教授认为，从广义的角度看，教学设计是一种教学问题求解的思维方法。教学问题可能是良构的/定义完善的，也可能是劣构的/定义不完善的，因而求解的思维方式可能是理性的，也可能是创造性的。教学设计是一种包含多种思维决策的活动过程。

比较中西方学者对教学设计的定义，可以发现，尽管研究者们对教学设计的界定有诸多不同，但仍有一些共性特点，如采用系统方法、注重问题求解、促进学生学习等。由此我们认为，教学设计主要是指运用系统方法，以促进学习者的学习为目的，通过分析教学目标，创设合理有效的教学和学习环境，确立解决教学问题的策略途径、评价教学结果的系统规划和计划的过程。

教学设计作为一个研究领域，存在不同的认识层面。在宏观层面，教学设计是运用系统方法，针对整个教学系统的设计。这个教学系统不仅是教学层次上的系统，还应包括管理层次和机构层次的系统，是完整开放的教学系统。宏观层面的教学设计，既要考虑对教学环境、目标、产品、过程、策略、评价这些教学系统中涉及的内部要素的整体规划和计划，也要考虑与教学系统相关的开放学习资源系统，如社区教育系统、大众传播系统对教学的影响以及如何支持教学也是教学设计研究领域的组成。

在中观层面，教学设计是指运用系统方法，针对教学层次的系统，通过分析教学目标，创设合理有效的教学和学习环境，确立解决教学问题的策略途径、评价教学结果的系统规划和计划的过程。本书讨论的主要是中观层次的教学设计问题。为表达方便，也为了与宏观教学系统设计相区别，我们仍然使用"教学设计"一词，等同于一般意义上的中观层面教学系统设计。

在微观层面，教学设计就是针对某一门课程中的某一特定问题或具体章节进行具象的分析和设计。如对"教育政策与法规"网络课程的设计，对支持"电磁感应原理"教学的多媒体教学软件的设计，等等。总之，不论是针对这些具体问题和内容进行设计的过程，还是设计后得到的成果或产品，均可视为微观教学设计的有机组成。

二、教学设计的本质及特点

（一）教学设计的本质

事物的发展变化是纷繁复杂的，要想不被表面的繁复所困扰，就必须透过现象看本质。本质是事物间必然、内在和稳定的联系，是一个事物区别于其他事物的根本特点。教学设计的本质是教学设计理论的核心范畴之一，认识教学设计的本质，有助于为教学设计不断流变的思想和复杂多样的行为寻找发生原点和最终根据。

讨论教学设计的本质，首先要厘清教学设计的存在价值和逻辑起点。究其本源，教学设计不论是"系统计划或规划教学的过程"，还是"创设和开发学习经验和学习环境的技术"，其根本目的都是为教学服务的，这是其价值所在。其中，"教学"是目的，"设计"是手段。"教学"通过"设计"成为更加有效合理的教学，"设计"作为手段促进"教学"有效性合理性更好的达成。可以说，教学设计的逻辑起点和存在价值就是为教学服务，教学才是构建其本质的原点和归宿。

（二）教学设计的特点

通过对教学设计内涵和本质的分析，教学设计具有如下特点：

1.系统性

教学设计注重系统性，强调采用系统的方法分析和解决问题。它视教学为学习者、目标、内容、方法媒体、策略、评价等多种要素组成的复杂系统，研究和探讨教与学系统中各个要素之间以及各要素与整体之间的联系。教学设计的根本目的在于通过对学习过程和学习环境的系统规划和设计，创设有效的教学系统，以指导和促进学习者的学习。采用系统的观点和方法也是科学的教学设计与经验层面的教学计划的重要区别之一。

2.操作性

教学设计作为教学理论与教学实践之间的桥梁或中间环节，既要注重理论探讨，也要指向教学实践。因此，教学设计必须具有可操作性。在教学设计的过程中，设计者把教学各要素进行分类和合理安排，进而转变为具体明确的表述和规定，使其具有可操作性，这些具有可操作性的规划方案可以作为教师组织教学的基础和依据。

3.创造性

教学设计具有创造性，是一种灵活地解决问题的预设和过程。教学本身是复杂的，面对不同的教学情境和问题、不同的学习主体和需要，教学设计不可能一成不变，这就需要教学设计者根据具体情况或具体要求创设有意义的解决方案和有效的实施策略，以满足学习者学习和发展的需求，在这个过程中创造性不可或缺。

4.动态性

教学设计强调在教学开始前进行系统的规划和计划,但这并不意味着教学设计只具有预设性,是教条僵硬的行动步骤。实际上,教学设计应是预设与生成的共在,具有明显的动态特点。教学设计“需要根据教学情境进行权变,在活动的过程中不断地调控”[①],在预成的设计之外,还应有动态生成的设计产生。预设的教学设计是生成教学设计的先导,生成的教学设计是对预设教学设计的补充。“预设不是规定性的指令,而是动态、弹性的精心设计,是为各种可能的生成做好充分的准备。”[②]

三、研究教学设计的教学论意义与相关概念

(一)研究教学设计的教学论意义

教学设计自二战时期的美国发端,以媒体技术为支撑,以系统论为方法指导,从过去仅仅关注程序教学的应用直至今天发展成为一个结合了心理、社会、技术测量、评价等多学科成果的综合研究领域,有其特定的研究范畴,教学设计本身已发展成为一门完整的学科。关于教学设计问题,在 20 世纪 90 年代以前的教学论论著中很少见到。究其原因,应是教学论注重研究教学的基本理论和问题,意在通过对教学本质和规律的认识实现对教学的影响,较少涉及具体操作层面的问题解决。而教学设计从诞生之日起就注重实际的教学问题解决,关注如何在理论指导下对各个教学环节进行具体的设计和规划。二者虽然都研究教学问题,但因为关注侧重点不同,在很长一段时间里遵循着各自的发展脉络。

对于教学设计与教学论的关系问题,很多专家学者有过论述,著名的有“李何之争”。教学论专家李秉德先生认为,教学论与教学设计两者讨论的是同一对象,即两者研究对象相同,教学设计研究是性质上的低层次重复和名词概念间的混同于歧义。而教学设计专家何克抗教授则认为,教学论与教学设计在研究对象、理论基础和学科层次上都有不同之处。教学论属于描述性理论,而教学设计属于规定性理论,不是一回事。

教学论与教学设计作为两个早期独立发展的学科,在研究方法、研究理念上有区别是正常的。但不可否认的是,二者在研究对象、研究目的上的确存在很多交叉的地方,实际上拓宽了研究者们的思路和方法。近年来,更多的教学

① 钟志贤:《传统教学设计范型批判》,《电化教育研究》2007 年第 2 期。
② 覃泽宇、林铭:《复杂适应系统视域中有效教学设计》,《电化教育研究》2009 年第 8 期。

设计研究者借鉴教学论的研究思路，在注重具体设计和实际操作的同时也重视理论上的回归和宏观教学系统的研究。而教学论的研究也从基本理论探讨发展为兼顾对实践指导的关注。因此，教学设计的意义在于：

(1)教学设计是教学大系统的有机组成，教学论讨论教学问题不能忽视对教学设计的研究。

(2)教学论在研究教学本质和教学一般规律的基础上，要加强对教学实践问题的研究和指导，教学设计是介于理论与实践之间的桥梁，讨论教学设计问题有助于完善研究的内容。

(3)教学设计以系统的观察和方法研究教学问题，重视学习者的学习需求和发展需要，综合运用各种教学资源和策略，有助于为教师教学提供直接的帮助和现实的指导，为实现有效教学提供可能的路径。

(二)教学设计与相关概念

1.教学设计与课程设计

教学设计是指运用系统方法以促进学习者的学习为目的，通过分析教学目标，创设合理有效的教学和学习环境，确立解决教学问题的策略途径、评价教学结果的系统规划和计划的过程。而课程设计是指按照育人的目的要求和课程内部各要素、各成分之间的必然联系而制定一定学校的课程计划、课程标准和编制各类教材的过程，是课程建设系统工程的一个组成部分。[①] 二者都重视系统要素的分析，但设计对象不同、设计方法也有差异。教学设计针对教学系统进行可操作性设计，课程设计针对课程系统进行结构性设计。二者又有交叉的地方，如课程设计中编制各类教材的过程亦可视为教学产品的设计，这也是教学设计的一部分。

2.教学设计与学习设计

教学设计与学习设计在根本目标上是一致的，都是为了通过规划和计划促进学习者的学习，甚至在很多时候人们将二者混用，相互替代。但是详细区分，二者着力点不同。教学设计重视教学中教师的作用，不忽视学生的作用，同时注重师生主体间性；而学习设计更多是从学习者角度考虑和设计教学过程，强调学生在学习中的地位和需要，强调以学生为中心的、学生参与和体验的设计，在学生自主学习领域发挥着更大作用。

① 参见廖哲勋、田慧生:《课程新论》，北京:教育科学出版社2003年版，第260页。

第二节 几种主要的教学设计理论与模式

一、教学设计理论

从教学设计诞生至今，对教学设计发展影响显著的有美国教育心理学家加涅的系统分析教学设计理论、美国教学设计专家瑞格鲁斯等人的精细加工理论以及梅瑞尔的成分呈现理论等。

(一)加涅的教学设计理论

美国教育心理学家加涅的教学设计理论以其心理学研究为基础，加涅认为期待学生获得的学习结果就是教学目标，最佳的教学设计应通过对学生学习种类的分析和对学习过程不同阶段的考量来确定。

根据这一思想，加涅把学生的学习结果分成了五种类型：言语信息、智力技能、认知策略、动作技能和态度。他从学习的内部心理加工过程演绎出了九大教学事件：①引起注意；②告诉目标；③对先前学习的回忆；④呈现刺激材料；⑤提供学习指导；⑥诱发学习表现；⑦提供反馈；⑧评价表现；⑨促进记忆和迁移。他认为不同种类的学习、学习的各种结果都有其相应的条件。而学习的条件有两类：一类是内部条件，指学生在开始学习某一任务时已经具备的知识和能力；另一类是外部条件，指独立于学生之外的学习环境。学习的发生要同时依靠外部条件和内部条件。教学就是要合理有效地安排和规划外部条件，以支持、促进内部条件的发展。各种教学事件就是教学的外部条件，需要进行事先筹划和设计。当然，教学事件在具体应用上又有不同的要求，应根据各项任务和条件目标分析，用最合乎逻辑的形式呈现。可以呈现全部教学事件，也可根据具体情况有选择地使用。加涅对于学习结果与教学事件的研究构筑了学习与教学间的桥梁，成为教学设计实践的重要理论指南，为建立在学习理论基础上的教学设计提供了依据。后来，梅瑞尔总结了加涅的教学设计思想，把学习结果与教学事件匹配对应，构成了更直观的“九五矩阵”，在教学设计中被广泛应用。

(二)梅瑞尔的教学设计理论

美国教学设计专家梅瑞尔认为教学设计应坚持科学化、技术化路线，教学设计的技术是应用经过证实的教学设计理论来开发能够提高学生学习效果和效率的教学产品。梅瑞尔的教学设计思想与加涅相近，在研究加涅教学设计理论基础上，20 世纪 70 年代梅瑞尔提出了成分呈现理论(Component Display Theory，简称 CDT)，被视为他的第一代教学设计理论(ID1)。80 年代后期，梅瑞尔受计算机辅助教学的启发，对 CDT 作出重大修改，形成了新的成分设计理论。90 年代初期，梅瑞尔和他的合作者们提出了教学处理理论（Instructional Transaction Theory，简称 ITT），又被称之为他的第二代教学设计理论（ID2）。

1.成分呈现理论（CDT）

成分呈现理论是为解决教学过程中的教师具体指导而提出的教学内容组织的微观策略。该理论的基本内容可通过一个“目标—内容”二维模型来说明（见图 4-1）。

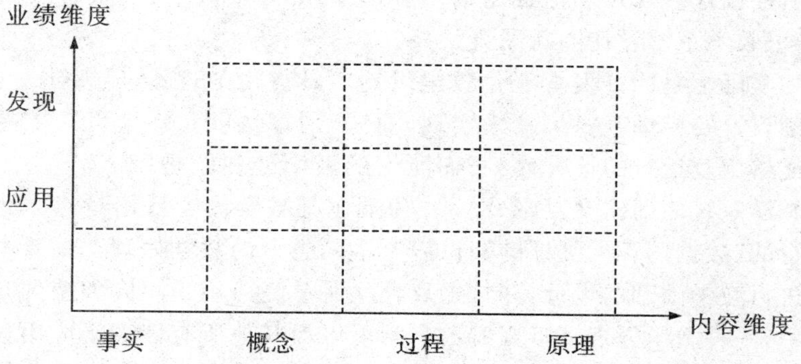

图 4-1 梅瑞尔的目标—内容二维模式图

在梅瑞尔的“目标—内容”模型图中，纵轴表示学生的学习业绩即教学目标，教学目标由低到高被分为了三个阶段：记忆、应用、发现。横轴表示学习内容，从简单到复杂划分为事实、概念、过程、原理四个部分。其中，学习内容的划分借鉴了另一教学设计专家瑞格鲁斯的细化理论，瑞格鲁斯将学科知识内容划分为概念性内容、过程性内容和原理性内容三部分，分别表达知识是什么、如何做以及为什么。梅瑞尔在瑞格鲁斯对知识划分的基础上增加了更简单的“事实”部分，认为在了解知识是什么之前，应该有对知识进行基本辨识和感知的阶段，即事实性知识。横轴的四类学习内容和纵轴的三种不同层级的教学目标可以组合出 12 种不同的教学活动。其中，因为事实学习只要求对知识达到辨识和简单记忆水平，不存在高层次的运用和发现问题，所以在模型图中被隐去。其余 10 个模块代表 10 种不同类型的教学活动。

根据梅瑞尔的理论，这 10 种教学活动应能与学生通过教学达到的能力相对应。由此教师可以根据希望学生达到的能力来确定教学活动类型，并进行明确的教学目标陈述，这既可以作为设计教学策略的依据，也可作为评价教学和学习结果的依据。注重对教学活动成分的具体分析，并与学生行为目标一一对应，正是成分呈现理论的主要内容。

2.教学处理理论(ITT)

教学处理理论是梅瑞尔在研究进程中针对第一代教学系统设计的局限性而提出的规定性理论。梅瑞尔认为ID1比较笼统,存在很多问题,如:教学内容分析缺乏整合性,无法反映复杂动态的教学现象;教授的是零散的碎片,而非整合性的知识以及教学通常是消极的,缺乏交互性等问题。他认为,要重视支持高水平交互的教学设计,教学设计要精确,注重"处方性"。由此,梅瑞尔提出了以认知心理学为基础的"心理模型"假设,进一步强调了不同类型知识的教学需要进行不同设计的观点。他提出的ID2(又称之为ITT)教学设计自动化的思想,引导了教学系统设计的新潮流。

ITT实际上是为开发智能化教学设计工具提出的理论,其基本思想是:高效的教学设计要借助于"算法"来实现,而"所谓算法就是一个可以支持不同数据并且能够重复运行的计算序列,而所谓的教学处理就是'教学算法',是指学习者与教学系统之间的交互形式"①。梅瑞尔把教学内容看作是"教学算法"操作和执行的"数据",不同类型的知识需要不同类型的教学处理。针对不同类型的教学进行教学处理的设计,并将之形式化后重复应用于相同类型的知识和技能教学中,一种教学处理一旦开发出来就可以像其他所有计算机应用程序一样重复用于相似知识或技能的教学。这样运行的教学设计,一方面能为学习者提供更具交互性的学习环境;另一方面,也有助于提高教学设计的效率,使教学设计更加自动化。

ITT把知识分为实体、活动和过程三种类型,并提出了13种教学处理的类型,包括鉴别、执行、分类、概括、迁移、发现等。

在分析了知识和教学处理类型的基础上,ITT通过"处理壳"(Transaction Shell)实现教学处理(见图4-2)。处理壳是指符合某一特定课程或处理需求的计算机代码。教学处理就是选择合适的传输系统把这些代码传递给学生。处理壳由两部分组成:创作环境和传输环境。学生是传输环境的使用者,而教师是创作环境的使用者。创作环境又分为两个部分:知识获取系统和处理配置系统。处理运行过程中,知识库存储教学所需的信息和知识,这些内容主要源于学科专家的知识获取系统,而教师或者教学设计师需要从处理配置系统中选择合适的教学参数用于与学生进行交互,教学参数的选择同时受到知识对象、学生学习能力以及学习环境等因素影响。学生在教学参数和知识库的共同作用下,在处理管理器中实现交互性学习。

---

① 梁林梅、李晓华:《美国教学设计的过去、现在与未来:访"第二代教学设计之父"戴维·梅瑞尔博士》,《中国电化教育》2009年第8期。

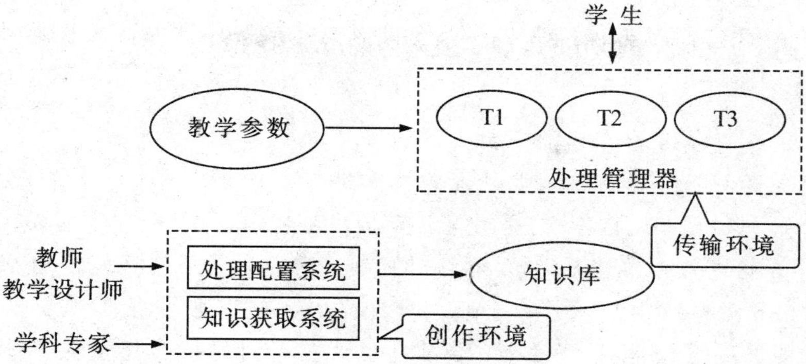

图 4-2 ITT 的“教学处理壳”构成图

近年来，随着信息技术的发展和建构主义思潮的涌动，教学设计者们尝试建立一种能够更加重视学习者主体性的教学设计理论，它以教学理论、系统论和建构主义思想为基础，以学习者为中心，被视为第三代教学设计理论(ID3)，可用于“指导基于多媒体和 Internet 的建构主义学习环境的教学设计”①。虽然目前 ID3 尚不完善，但它的发展符合社会对教育发展的需求并引导着教学设计发展的方向。

二、教学设计的主要模式

模式是一种理论性的简约表达形式，教学设计模式是在教学设计理论发展进程中逐步总结建立起来的。

(一)ASSURE 模式

ASSURE(Analyze State Select Utilize Require Evaluate)模式是一般性的以教为主的教学设计模式，按照 ASSURE 模式的引导，教师可以完成系统化教学设计的主要步骤。ASSURE 在凸显教师作用的同时，也强调学习活动中学生的积极参与；因此，学生的活动设计是应用 AS-SURE 必须考虑的问题。

ASSURE 模式主要关注如何系统地整合教学各要素，进行有效的计划和实施教学。ASSURE 模式由六部分构成：分析学习者；陈述教学目标；选择教学方法、媒体和材料；使用媒体和材料；要求学习者参与；评价与修正。ASSURE 模式简单明了，便于操作，但顺序的表达方式不利于展现教学各要素间的横向关系。

---

① 何克抗、那永柏、谢幼如：《教学系统设计》，北京：北京师范大学出版社 2002 年版，第 156 页。

案例 4-1 英语翻译教学中的 ASSURE 模式①

1.A:分析学习者

此步骤主要对英汉翻译学习者的情况进行分析,包括一般性情况、学习起点能力和学习风格等,这是教学活动的准备阶段。2018 年我国第一批“00 后”开始进入大学学习,移动学习时代教育与技术的融合已经润物细无声地渗透于这些“数字公民”的全部学习过程中。与此同时,大学生英汉翻译学习的深度下降、学习动力低、学习自主性差等问题也已经出现。分析学习者是英汉翻译教学活动的起点,英语教师要对当代大学生的学习环境、学习特点等有全面深刻的认识,结合各自高校、专业和班级,同时根据学生实际因材施教,施行分类教学。

2.S:陈述学习目标

此阶段是对英汉翻译学习目标的陈述。新时期教育部要求高校本科教育切实提高课程教学质量,合理提升学业挑战度,增加课程难度,拓展课程深度,所以英汉翻译学习目标应该是学生英语知识能力素质的有机融合,培养学生解决用英语专业知识解决复杂问题的综合能力和高级思维,简言之就是英汉翻译学习应具有探究性和个性化两个特征。同时,在移动学习时代,英汉翻译学习目标要注重学生适应“互联网+”新形态下的综合能力培养。

3.S:选择方法、媒介和材料

这一环节是设计从英汉翻译教学起点到教学终点的过程,包括确定实现英汉翻译教学任务的方法、选择合适的英汉翻译教学资源及媒介类型,实现线上线下学习的有机整合,这是“互联网+教育”融合发展期英汉翻译教学的重要方法。教师在线下英汉翻译教学中还要加大情景教学法、项目驱动法、协作学习法、自主学习法等教学方法的运用,确保英汉翻译教学的效果。在英汉翻译教学资源方面,教师可以采用现有的教学资源和材料,也可以对资料进行改进或设计、编写新的资源和材料。视频、音频、图片、文字、动画、游戏、网页等都是英语翻译教学可以选择的材料类型,教师要在选择时要充分考虑学习目标、教学情境和学生特点等,教学材料应具有可视化、微型化、交互性、便携性等特点,满足移动学习时代学生的学习需

① 参见李娟:《基于 ASSURE 模式的英语翻译教学设计》,《智库时代》2019 年第 3 期。

求。在此阶段教师要提升自己的现代化信息技术运用能力，并让学生积极参与到课程教学资源和资料的选择和编制中。

4.U：运用教学资料

在此环节教师要在英语翻译教学中精心设计、善于运用当下丰富的教学资源和媒介材料。首先在设计上，教师要重构英语翻译教学内容，充分考虑移动学习改革的要求，将英语翻译专题性知识细化分解为一个个独立"知识点小模块"。其次，在运用材料过程中，应遵循5P法：第一，预览英语翻译教学材料。教师在正式教学活动前，对选择和设计的教学材料要进行预览，去粗取精，确保材料符合学习目标，难度适宜，能吸引学生兴趣。第二，准备英语翻译学习资源。教师要确保材料和设备到位，并根据不同的学习目标和教学情境，确定好材料的组织方式和使用逻辑，以确保师生能顺利使用媒体设备和材料。第三，准备英语翻译学习环境。课堂教学教师需要确保开展混合式学习的教室空间，包括支持在线学习的移动终端、可满足多种教学法的灵活多变的座位安排等，课堂外的自主学习也要确保每位学生都能上网学习，并得到老师的学业帮助和学习支持。第四，组织英语翻译学习者。教师要提高学生移动学习中的信息处理、自主学习、团队协作等能力，确保学生有足够的技能完成学习，在学习中学生学习态度端正、努力进取，具有批判精神，能课前、课中和课后完成相应的各项工作。第五，提供英语翻译学习经验。教学活动是以学生为主体，教师为主导，教师作为知识的提供者和学习过程的服务者，要提高自己的专业水平，为学生提供更多的学习经验。

5.R：要求学生互动参与

"以学生为中心"就是从"传授模式"向"学习模式"转变，从"教师将知识传授给学生"向"让学生自己去发现和创造知识"转变。因此教师要引导学生全面参与教学活动方案的构建和实施，充分发挥其主体作用。首先，英语翻译教学情境的设计要确保学生能够围绕学习目标积极参与，锻炼他们的英语综合技能。其次，在英语翻译教学实施过程中，教师要确保通过面对面交流、小组讨论、任务协作、总结材料、随堂测验、形成性练习、微信QQ等多种方式让学生互动参与并给予及时、恰当的反馈，教师通过反馈可以及时掌握学生学习进程，根据具体情况调整教学并对学生进行针对性指导，提升课程质量。

6.E：评价和修正

对教学进行评价和修正是ASSURE最后一个步骤，是评估英语翻译教学目标是否实现，并根据评价结果为下一次的教学实践进行教学方案的修正调整。此阶段的评价和修正主要包括三项:对学生学业的评价、对媒体材料的评价及对教师教学的评价。学业评价就是对学生是否完成了英语翻译学习目标,即对预期成果进行评定和判断。教师应根据学科专业制定适合本校实际的多元化的考核方案。对媒体材料及教学方法的评估可以通过学生座谈、课堂讨论、教师观察反思、教学管理问卷调研等多种手段进行,教师要在课程实施中主动地发起正式和非正式评价,以便在过程中及时调整改进。对教师教学的评价可以通过学生评价、自评、同行评价教学管理等多方评价进行,需要注意的是,要把教师信息技术与英语翻译的结合能力、使用媒介材料设置翻译教学情境的能力、新型教学方法手段的运用能力等作为考核指标。

(二)肯普模式

肯普提出的教学设计模式以学科教学和课堂教学为中心,把教学设计过程中需要考虑的因素和相互关系进行了分析,为教师根据教学需要灵活安排整个教学活动提供了思路。

肯普模式是一个环形模式,以确定学生学习需要和学习目的为中心,所有的教学活动应围绕着这一中心展开。围绕着设计核心,肯普模式展现了教学的各个环节,各环节独立灵活地存在于教学过程中,没有硬性的顺序规定,教师可以根据实际情况和个体教学风格从任意环节开始教学,并按需要的顺序排列各环节。评价和修改环节处于模式的外周并包含了所有教学环节,意味着评价和修改可随时随地进行,反馈和修订形式的活动应贯穿整个教学设计的始终,同时评价还应注重总结性和形成性评价的综合使用。

肯普模式是第一代教学设计的代表性模式,该模式很好地体现了学习需要和目标的核心地位以及教学设计和实施过程中评价的重要性,但对学生的活动和参与缺乏基本考虑,学生学习的积极性和主动性难以发挥。

(三)史密斯—雷根模式

美国教学设计专家史密斯(P.L.Smith)和雷根(T.J. Ragan)于 1983 年提出该设计模式,该模式被认为是第二代教学设计的代表性模式(见图 4-3)。史密斯—雷根模式建立在行为主义和认知主义心理学对学习认识的基础上,较好地体现了"联结—认知"学习理论的思想。

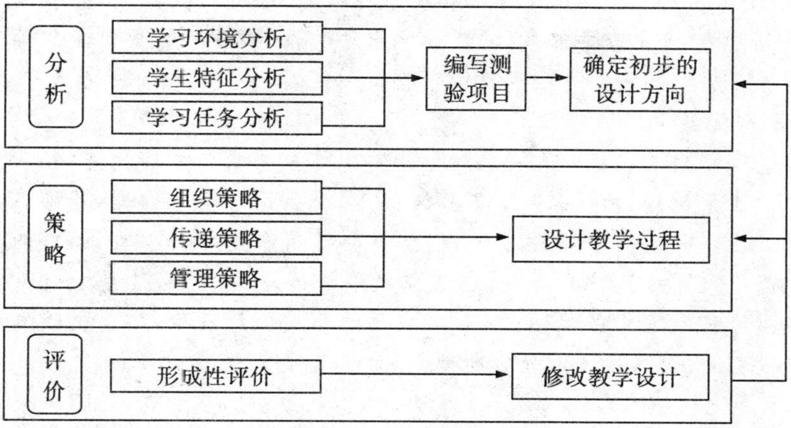

图 4-3　史密斯—雷根教学系统设计图

史密斯—雷根模式把教学设计过程分为三个模块:教学分析、策略设计和教学评价。教学分析作为前端分析,除包括在 ID1 模式中常见的学习者特征分析和由教学目标分析、教学内容分析结合而成的学习任务分析外,补充了学习环境分析,凸显了现代教育中学习环境规划和利用的重要性。在策略设计部分,史密斯—雷根模式特别提出在策略制定时应考虑到学生原有的认知结构和认知特点。同时模式认为形成性评价在教学评价中占有重要的地位,而评价后修改教学更具科学性和合理性。

史密斯—雷根模式重视教学策略设计和教学环境分析,在一定程度上契合现代教育理念的要求,模块的区分简洁明了,强调形成性评价,但评价的运行策略不很清晰,对学习者的活动关注不足。

案例 4-2　会计学课程教学中的史密斯—雷根模式①

针对经管类非会计专业会计学课程的教学中存在的主要问题,运用"史密斯—雷根"模式进行教学设计,通过明确经管类非会计专业会计学课程的教学目标并据以设置教学内容、选取科学合理的教学方法和更适用的考核方式,对经管类非会计专业的会计学课程教学进行改革。在改革的过

① 参见邬娟、李琳:《经管类非会计专业会计学课程教学改革研究——基于"史密斯—雷根"模式的探讨》,《商业会计》2019 年第 19 期。

程中，必须紧扣“会计信息的理解和分析”这一导向。具体来说，要通过明确教学目标、优化教学内容、创新教学方和手段、丰富考核评价形式等四方面进行。

1.明确教学目标

教学目标体现专业的特点和专业知识体系要求。如前所述，经管类非会计专业学生通过学习会计学课程，应掌握会计学基本原理，能够在经济管理工作中阅读和分析财务报告，解读会计信息进而据以决策，被培养为会计信息的“使用者”。所以，应该立足经济管理的视角，注重会计知识和方法在经济管理中的应用，培养学生熟悉各项会计政策，学会阅读和使用会计报表的信息，并加以分析和判断，为决策作参考。

2.优化教学内容

如前所述，“史密斯—雷根”模式要求基于学习环境分析和学生特性分析的结果进行学习任务分析，而学习任务又被分解为学习目标和学习内容两部分，根据学习目标确定学习内容。因此围绕“立足经济管理视角培养会计信息的‘使用者’”这一目标，本课程结合经管类专业的学科背景以及课程内容，将会计学课程与经管专业课程有机结合，按照学生的认知特点和认知结构来组织教学内容。以“会计信息的理解和分析”为导向设置教学内容。

经管类非会计专业学生需要解读会计信息所包含的经济含义，也就是说，需要培养使用会计信息辅助经济管理的能力。课程教学应侧重于会计知识和方法在经济管理中的应用，而非会计信息的生成过程。因此，在教学设计的关键环节，坚持“会计信息的理解和分析”为导向，根据非会计专业会计学课程的教学目标设置教学内容，侧重讲解会计信息的分析与应用等内容。具体来说，一方面，整合现有会计教材的内容，改变过去对会计信息生成过程的重点讲解，引入并突出财务报告分析、企业业绩评价与内部会计控制等内容，体现会计为经济管理服务、为决策提供依据的理念。另一方面，在对教学内容的优化过程中，要注意到教学资料不应局限于教材，教师在教学设计中对教学资料的扩充同样重要。扩充教学资料，主要指设计和开发扩展阅读资料、多媒体课件、习题案例库以及经济业务的仿真模拟资料等。通过包括教材但不限于教材的教学资料整合、设计和开发，教师能在授课过程中有针对性地提供教学资料来引导学生完成各阶段教学任务，并满足不同学生不同层次的学习需求，进一步培养学生后续学习能力。

3.创新教学方法和手段

在教学方法和手段的创新方面，应倡导开放型、互动型、参与型的教学，以便培养学生独立思考和自主学习的能力。在教学方法方面，除正常的课堂讲授中加强演示教学外，采用案例教学、情景教学、启发式教学等多种形式的教学方法，把课堂讲授、案例分析和实践教学有机结合，以提升学习兴趣、增强教学效果。案例分析时，注意采用启发式教学，鼓励讨论，培养学生应用会计方法和理论、借助解读会计信息去应对经济管理问题的能力。实践教学时，通过仿真会计实验增强学生的感性知识。但是这一环节要与会计专业的会计仿真实验模式区别开，实践教学活动应为理解会计学的基本理论概念与含义、掌握每一资金循环过程的核算要点及其所说明的经济和管理问题、看懂会计报表、会利用会计信息分析企业存在的问题服务。与此同时，教师在提供多媒体课件等教学资料的基础上，还要鼓励学生查阅纸质书籍文献或从互联网上浏览、查找和下载相关资料进行扩展阅读和自学，鼓励学生通过 E-mail、QQ、微信等多种实时沟通工具与老师交流，使传统教学中教师讲学生听的单相交流转化为师生互动的多向交流转化，提高教学效果。在教学手段上，要注意适当将抽象理论转化为感性认识，增加直观印象，降低学习难度。如采用多媒体的教学手段，将文字、动画、图表、视频等结合起来，生动形象地将填制凭证、登记账簿、编制会计报表等全过程演示出来，达到简单易懂的目的。

4.丰富考评形式

从考评方式上来说，应该实施“开放式”课程考核评价形式，对教学过程不断地纠偏和修正，以达到逐步完善教学效果的目的。具体而言，应加大讨论参与、实验资料、分析报告等其他灵活的考核方式，以检验学生是否理解相关内容，是否能够用会计资料进行相应的分析。丰富考评形式包括过程考核和期末考核两方面。过程考核结果体现为平时成绩，主要由学生出勤情况、书面作业完成情况、课堂表现、团队任务参与度等几个方面组成。对于课堂表现和团队任务参与度两项成绩，教师可以采取随时加减分跟踪记载并予以公布的方式，起到激励和警示的双重效果。期末考核则应注意形式多样化。如前所述，经管类非会计专业会计学课程因其不同于会计专业会计学课程的教学目标，以及由此而进行的教学内容整合重组，主要侧重于培养学生的综合职业素质，所以，期末考核应以考核学生理解和运用会计信息、进而分析和解决具体问题的能力为主。因此考试题型可以考虑在保留选择、判断等客观题的基础上，加大对包括案例分析在内的主观题考核力度。同时，教师还可以通过学生在主观题答题中反映出的知识点掌握和能力培养问题，对教学过程进行有针对性的调整和修正，不断提高教学效果。

（四）基于建构主义的设计模式

基于建构主义的教学设计把研究的重点从以“教”为中心转向了以“学”为中心的设计。其特点是以问题、案例、项目甚至分歧为中心，中心的确立建立在对教学任务、教学目标和学习者特征分析的基础上，对学习资源和情境的设计围绕中心展开，注重活动后的评价和修订。

案例 4-3　大学英语的建构主义教学设计[①]

以新视野英语第一册 Unit 6 A 篇“Happy New Year ”为案例，说明建构主义在大学英语教学中的应用。

1.创设情境、激发兴趣、引发学习动机

在课文导入部分，教师首先给大学生展示了几张节假日喜庆的照片，然后通过设置情景的办法引导大学生讨论。具体情景是：

Situation one

Time：The Eve of Christmas

Scene：New York city in English situation：You are celebrating Christmas with your family and friends.

Question：How do you celebrate Christmas? and What do you do in this special day? What special western festival days you know?

(possible answers：go to parties；have a family reunion)

Situation two

Time ：The Eve of new year

Scene：Beijing in China situation：you are celebrating the new year's coming?

Question：How do you celebrate new year in China? Can you list the Chinese traditional days?

(possible answers：visit relatives；visit friends；have a family reunion；firework；dancing and singing)

---

① 参见黄丽霞：《建构主义的大学英语教学案例设计》，《天津市经理学院学报》2013 年第 2 期。

第二个 situation 设置在我国，大学生对此会更感兴趣，有利于大学生独立思考。接下来教师继续问：What the differences in celebrating holidays?

大学生可能会给出一些零散的答案，教师应该总结大学生的答案并引导大学生深入思考，指出不同的国家有不同的风俗习惯和节日，也有不同的庆祝新年的方式，进一步引入对文化差异的探讨。然后问：Which is your favorite holiday?

为了引导大学生的深入思考，教师可以提出问题：Would you introduce some Chinese and foreign holidays origin to us? 这个问题可以给大学生一些时间，让大学生分组讨论，这样就会在合作和交流的过程中进一步充实、完善自己的想法。

2.提出问题，搭建桥梁

建构主义理论提倡“在解决问题中学习”，教师提出结合实例、引发思考、搭建新旧知识间的联系的问题，在充分把握、分析、了解大学生现有知识的基础上，调动大学生已有的知识和经验，引导大学生主动思考、主动研究，运用自己已经掌握的知识来解决新的问题，并发现其联系，从而扩充大学生已有的认知体系。就本案例而言，教师可以让大学生扫读文章并设置问题，引导大学生搭建新旧知识的联系，并培养其分析问题的能力。

Read the following statements carefully and decide whether

They are true(T) or false(F) according to the text.

(1)NewYear's Eve is the most important celebration in the world.

(2) Many people in the West believe that Christmas is more important than the Spring Festival.

(C) The most popular way to greet the New Year in the United States is to have a big party only at home.

(D)When pecple have New Year's parties, they usually keep silent to show respect to others.

大学生回答完这些问题以后，教师可以引导大学生分析文章结构，自主学习。通过导入部分阅读和整体阅读两个步骤，让大学生对文章有一个大概的了解，接下来教师可以设定一些具体的辅助内容，引导大学生自主学习本篇文章。

3.组织协作

在整个过程中大学生被分成由 4～5 人组成的学习小组，对所提的问题一一讨论。在教师的组织和引导下，大学生之间互相支持、互相帮助，培养协作精神，共同建立学习群体，在讨论和交流过程中，大学生已有的认知结构可能会得以扩充。在组织协作的整个过程中，大学生是演员，教师则是导演。

4.反思过程

大学生汇报结束后，开始进入评价阶段。可以先由大学生进行自我评价和小组互评，然后由教师把关，进行总的点评和指导。可以课后布置书面练习，达到新旧知识的相互融合，扩充或改变已有的认知结构以及建构新知识的目的。建构主义作为一种教学和学习理论极具启发意义，它重视情境设置、意义建构和协作学习等重要环节，对转变教学观念、改革传统教学具有重要的启示。但任何理论都很难做到面面俱到，必须在实践中不断丰富、发展和完善。辩证地解析、运用它，汲取其合理之处，才能使理论更好地指导学习，促进教育观念的更新。

第三节　教学设计的基本内容与方法

教学设计的模式和方法很多，在这里以其基本构成为基础介绍相关的内容与方法。

一、学习者分析

(一)学习者分析的含义

学习者分析属于教学设计前端分析的一部分，是对有可能对学生学习产生影响的学生智力和非智力因素的分析，分析目的在于为后续的教学设计提供依据。

(二)学习者分析的内容

分析影响学习者学习的每一种因素是不现实的，因此一般只考虑对教学设计影响较为突出的因素。主要包括三方面:学习者一般特征、初始能力和学习风格。

1.学习者一般特征分析

学习者一般特征分析通常指对影响学习者对学习内容理解感知的心理和社会特征的分析，包括学习者的一般认知能力、学习态度、思维水平以及社会文化背景、民族风俗习惯、宗教信仰禁忌等方面的内容。了解学习者一般特征可以采用观察法、问卷调查法、访谈法等方法收集数据，再进行分析。

2.学习者初始能力分析

学习者初始能力分析是对学习者当前已具有的知识基础和认知能力能否

适合新的学习需要的分析，包括分析学习预备能力和学习目标水平。学习预备能力分析可以了解学习者已有的知识能力能否满足新学习的起点需要，学习目标水平分析可以了解学习者已有知识能力是否已达到或超过将要进行的学习的目标要求。对初始能力做分析有助于在教学设计中确定教学起点，因材施教，明确学习者的真实需要，提高教学有效性。一般可以采用课堂提问、课下交流、讨论等非正式访谈法或测试等方法进行。

3.学习风格分析

学习风格是指影响学习者在学习环境中感知刺激并对不同刺激做出反应的主要心理特征，包括学习者的信息处理习惯、知觉偏好和强度以及学习动机等。显然，具有不同学习风格的学习者采用的学习方式往往是不同的，应对的最好办法是教学方式方法多样化。学习者学习风格分析的目的就是帮助教师在教学方法、媒体和策略的选择上尽可能考虑到学习者学习风格的差异，从而促使学习者智力和能力的各个方面都得到协调发展。了解学习风格除采用观察、访谈等方法外，还可使用学习风格量表进行测量和分析。

二、教学目标设计

（一）教学目标设计的含义

教学目标是对学习者通过教学后将能达到的学习成果和行为目标明确具体的表述。教学目标设计是对教学目标的规划，教学目标可以来自课程大纲、课程指南或教材，也可以是教师自己设计或学生参与设计的，教学目标应具有可观察性或可测量性。

教学目标是教学活动的出发点和归宿。教学活动依据教学目标展开，评价教学活动是否有效要依据教学目标，教学目标还是学习者学习导向、自我激励、自我评估的重要手段，教学目标设计是教学设计的重要环节。

（二）教学目标的分类

对于教学目标分类有很多不同的观点，布卢姆等人将教学目标分为认知、情感、动作技能三大领域并确立了三大领域下的二级目标序列，加涅用学习结果将之分为言语信息、智力技能、认知策略、动作技能和态度五大类，五种学习结果对应相关的教学目标。当代教育学者斯马尔蒂诺（S.E. Smaldino）等人在前人研究的基础上根据现代教育教学的新需要，把教学目标分为四个部分：认知技能、情感技能、运动技能、人际交往技能。他们认为人际交往技能是以人为中心的技能，在个人生活和团队合作中都非常重要。

（三）教学目标的表述

教学目标表述要求清晰明了，具有可操作性，能够指导教学及其评价。教学目标表述一般包括四个要素：对象（Audience）、行为（Behavior）、条件（Conditions）、程度（Degree），又被称为ABCD法。[①]

1.对象表述

对象指教学对象，即学习者、学习的主体。教学目标表述时应对学习者基本特征做出清晰的说明。

2.行为表述

主要用于说明教学完成后，学习者将具有何种新能力，是对学习者通过学习应达到的成果和获得的能力的明确表达。

3.条件表述

用于说明学习者在产生学习结果时所处的情境，也就是对学习者的行为在何种条件下产生，能够在何种情况下评价的表述。环境、设备、时间、个人或团体都是常会遇到的条件问题。

4.程度表述

用于说明学习者通过教学必须达到的最低程度标准，可用于评价学习结果和学习表现，也使教学目标具有可测量的特点。

三、教学内容设计

（一）教学内容设计的含义

教学内容设计是教师在前端教学设计的基础上，根据教学目标要求、学习者特征分析而对教学内容做出合理选择和组织安排的过程。分析教学内容是对学生从起始水平提升到终点水平所需要的知识、技能、态度和行为规范及对其相关的信息结构关系进行详细剖析的过程。

（二）教学内容设计基本构成

教学内容设计通常包括两个部分：教学内容选择和教学内容组织。

1.教学内容选择

教学内容选择就是要确定教学的范围和重点，范围确定教学内容覆盖的广度和深度，重点则需要提供更多的变式帮助学习者理解。设计教学内容时，要综合考虑教学目标的要求、课程的连续性、学习者和社会的需要等因素，确定各种事实、概念、原则、行为能力、认知策略的相对重要性，以便选取适当的主体内容和相关资源。内容选择应既包含重点内容，又包括能开阔和拓展学习者的思维和能力，同时还利于激发学生学习兴趣的其他内容。

---

① 此部分详细内容参见本书第二章。

2.教学内容组织

教学内容组织就是对已选定的教学内容进行编排。教学内容组织有多种形式,没有一定之规。如:斯金纳认为教学内容应按“刺激—反应—强化”的顺序进行程序性安排;布鲁纳主张螺旋式安排教学内容,从简单到复杂不断地螺旋上升;奥苏贝尔倡导先学习最一般和最概括的概念,再逐步具体和分化内容;建构主义者则认为可以采用支架、抛锚、导引式等方法来编排教学内容。适合的就是最好的,对于教学内容组织,教学设计者需要把握住几个大的原则,如从教学目标出发、注重学习者需要、注意教学内容间的联系、有利于学习者活动的开展、有助于学习者智力和能力的发展等。在此基础上,适合教师与学习者特点的教学内容编排就是合理的编排。

四、教学策略设计

(一)教学策略设计的含义

教学策略设计是对完成教学目标而采用的教学程序、方法、媒体等因素的整体考虑,也是对教学活动进行控制和调节的预设和生成。教学策略设计是教学设计中关键的一环,是最能体现教学设计创造性的部分。良好的教学策略设计有助于合理呈现教学内容、学生积极参与思维活动、充分发挥媒体功能以及有效利用环境资源。

(二)教学策略设计的基本构成

本章所讨论的教学策略指教学活动中的整体策略,包括教学顺序设计、教学方法设计以及教学资源设计等方面。

1.教学程序设计

教学程序即如何组织安排教学活动,因教学目标、内容不同而有所差异。比较有影响的有:奥苏贝尔的“先行组织者”设计模式;源自赫尔巴特和凯洛夫的“五段”教学设计;加涅按照学习者的内部心理活动而划分的“九段教学”以及适用于动作技能学习的“示范—模仿”和适用于情感养成的“情境—陶冶”的教学设计等等。

2.教学方法设计

教学方法有很多类别。在以“教”为主的教学设计思想下,常被选择的方法有讲授法、提问法等;在以“学”为主的教学设计思想下,主要有讨论法、活动法、自主学习法等;在“主导—主体”教学设计思想下,可采用协作学习、问题驱动发现法等;在“主体间性”的设计思想下,可以采用对话法等方法。教学方法种类很多,相同的设计思路可以用不同的方法,相同的方法也可用于不同的设计,关键不是方法本身,而在于如何使用。

3.教学资源设计

教学资源设计是对能够有助于教师教学和学习者学习的各种信息和媒体资源进行设计的过程。教学资源设计包含的内容较多，特别是在现代信息教育环境下尤为如此。主体不同的教学设计，教学资源设计具体内容相异，但大框架趋于一致，一般都包括教育信息资源的筛选、适用教学媒体选择、相关教学软件准备、学习环境营造以及学习者可选择的学习路径等内容。

五、教学评价设计

(一)教学评价设计的含义

教学评价设计是对教学活动是否有效、学习者学习任务的完成情况、是否达到预期教学目标以及学习参与度等方面进行价值评判的目的、方法、标准等方面的设想和规划。设计教学评价可采用客观的评价方法和手段，以目标为依据，对教师和学习者的行为及行为效果作出评价，也可以“不强调使用强化和行为控制工具，而较多使用自我分析和元认知工具”①进行。

(二)教学评价设计的内容

教学评价按其功能不同，可分为诊断性评价、形成性评价和总结性评价。即教学评价可以发生在教学的任何阶段，教学前、教学过程中、教学活动完成后都可以进行教学评价。

1.诊断性评价设计

前面所述的学习者分析，分析其一般特征、学习能力、学习风格以及对教学资源和学习资源在使用前的评价都属于诊断性评价。诊断性评价设计的目的在于提出可以满足不同学习风格、需要和水平的学习者所需要的学习方案，并将之置于合理的学习资源框架中。

2.形成性评价设计

形成性评价主要用于评价教师和学习者的教学活动进展情况及其效果，以便于及时调整、反馈和改进，它伴随着教学活动进程而进行。形成性评价设计主要是针对如何在教学过程中对学和教的过程中呈现的问题、学习者的活动参与情况、生成性的问题解决及教学设计的实施状况等方面进行评估的规划和设计。

3.总结性评价设计

总结性评价又称为事后评价，是指在某一阶段教学活动完成后为确定教学活动的最终效果而进行的评价。如对学生学业成绩的测试、考核都属于总结

① 何克抗、李文光：《教育技术学》，北京：北京师范大学出版社2002年版，第243页。

性评价。传统的总结性评价设计以定量评价设计为主，现在更多的研究者倾向于根据评价内容设计选择适宜的方法，定性的或定量的方法，亦可二者兼而有之。

总之，教学评价是为了对教学活动的有效性作出价值判断，但判断本身不是目的，判断优劣的根本目的在于诊断教学问题从而改进和完善。教学评价不是教学过程的最后一环，它应该贯穿于整个教学活动的始终。教学评价的设计对于及时了解、评判和调整教学活动及进程有积极作用。

思考与练习

一、简答题

1.什么是教学设计？教学设计有哪些特点？

2.研究教学设计的教学论意义是什么？

3.教学设计与课程设计以及学习设计的关系是什么？

4.梅瑞尔的教学设计思想有哪些？分析其理论特点及意义。

5.比较几种教学设计模式的差异，尝试区分这些教学设计模式的应用情境。

6.思考并回答在教学设计的一般模式下，如何体现和发挥学生学习的主体性。

二、实践活动

活动一：选择一个合适的内容或你认为重要的话题，针对多样化的学习者群体，依据教学设计的基本内容和方法模式，设计一个教学设计方案，同伴间相互评价方案并修改。

活动二：与同伴讨论各种教学设计思想和模式的优缺点，寻找更多的教学设计模式并对其功能和价值作出自主评判。

三、拓展阅读

[1]吴小玲：《教师如何做好课堂教学设计》，长春：吉林大学出版社 2008 年版。

[2]李芒：《教学设计的九大信条》，《电化教育研究》2010 年第 4 期。

[3]高文：《教学系统设计（SD）研究的历史回顾：教学设计研究的昨天、今天与明天》，《中国电化教育》2005 年第 1 期。

[4]吴军其、刘玉梅:《学习设计:一种新型的教学设计理念》,《电化教育研究》2009年第12期。

[5][美]史密斯、[美]雷根:《教学设计》,庞维国、屈程、韩贵宁等译,上海:华东师范大学出版社2008年版。

[6]陈怡、赵呈领:《基于翻转课堂模式的教学设计及应用研究》,《现代教育技术》2014年第2期。

[7]那一沙、袁玫、吴子东:《教学设计研究综述》,《西南交通大学学报(社会科学版)》2013年第3期。

第五章　大学教学模式与方法

学习目标

1.理解教学模式的内涵、构成及特点。
2.能在具体教学中选用合适的教学模式。
3.理解教学方法的内涵和当代教学方法发展的特点。
4.能在具体教学中选用恰当的教学方法。

第一节　大学教学模式的几种主要类型

《中共中央国务院关于深化教育改革全面推进素质教育的决定》明确指出，高等教育要重视大学生的创新能力、实践能力和创业精神，普遍提高大学生的人文素养和科学素质。国家提出的人才培养目标迫切要求大学教学进行改革，而在教学改革过程中，教学模式的改革是关键。[①]

“教学模式”是由美国学者乔伊斯和韦尔最早提出的，开启了教学研究的一个新领域，从此教学模式的研究逐渐丰富和多样。有人认为教学模式是教学方法，有人认为教学模式是教学程序，你是如何认识教学模式的？

一、教学模式概述

（一）教学模式的内涵

1972年，美国研究者乔伊斯和韦尔出版《教学模式》一书，他们认为教学模式是构成课程和课业、选择教材、提示教师活动的一种范例或计划。国内学者

---

① 参见王文静：《中国教学模式改革的实践探索——“学为导向”综合型课堂教学模式》，《北京师范大学学报（社会科学版）》2012年第1期。

吴也显认为，教学模式是人们在一定教学思想的指导下对教学客观结构作出的主观选择，是教学结构在空间维度和时间维度上的稳定形式。①

国内关于教学模式的不同观点，主要有结构模式观、程序模式观、方法模式观三种典型取向。② 教学模式不能简单地等同于教学方法、教学程序等，它蕴涵着一定的教育理论和思想。教学模式是在一定教学理论或教学思想的指导下，通过相关教学理论的演绎或对教育教学实践经验的概括和总结所形成的、一种指向特定教学目标的比较稳定的基本教学范型。③

（二）教学模式的构成

一般认为教学模式的构成要素主要有理论基础、教学目标、教学程序、教学策略、教学评价。

1.理论基础

任何教学模式都是在某一教学理论指导下提出来的，体现了一定的价值取向。理论可以是某一具体流派的理论，也可以是某种教育、教学思想。不同教学模式往往反映不同的教学思想，如杜威活动教学模式是以实用主义哲学为理论基础，斯金纳的程序教学模式是以新行为主义学习理论为基础。

2.教学目标

每种教学模式都指向一定的教学目标，都是为了完成特定的教学任务和教学目标而服务的。教学目标作为教学模式构成的核心，影响着教学模式的操作程序、师生组合关系等其他因素的运行。如杜威活动教学模式是以培养学生灵敏、缜密的思维习惯，使学生具有创造性思维能力为主要教学目标；斯金纳程序教学模式的主要教学目标是教给学生某种具体的技能、观念或其他外部的行为方式。

3.教学程序

教学模式在达成教学目标的过程中都要经历一定的逻辑步骤和操作程序，它规定每一个教学环节的主要任务和教学环节之间的顺序等。教学程序虽然具有相对稳定性，但也不是一成不变的。如杜威活动教学模式主要包括设置疑难的情境、确定问题、提出假设、推理和验证五个教学步骤；斯金纳程序教学模式的教学程序主要有解释、问题（提问）、解答、确认。

---

① 参见吴也显：《教学论新编》，北京：教育科学出版社 1991 年版，第 167 页。

② 参见袁顶国、刘永凤、梁敬清：《教学模式概念的系统分析——教学模式概念的三元运行机制》，《西南师范大学学报（人文社会科学版）》2005 年第 6 期。

③ 参见王本陆：《课程与教学论》，北京：高等教育出版社 2017 年版，第 249 页。

4.教学策略

教学策略是指为了实现特定的教学目标，教师和学生采用的教学方法、教学手段、教学组织形式等条件因素，这些条件能促使教学模式更好地发挥效力。如杜威活动教学模式的主要策略有：提倡活动中学习、注重学生兴趣、采用发现式教学；斯金纳程序教学模式的主要策略有：小步子、积极的反应、及时反馈、自定步调。

5.教学评价

教学评价是指每种教学模式为达成一定的教学目标，而形成相对适合的评价标准和评价方法体系。由于不同教学模式所指向的教学目标不同，运用的教学程序和教学策略不同，其评价的标准和方法也应该有所差异，不过有些不够成熟的教学模式并没有独特的评价体系。

（三）教学模式的特点

1.整体性

每一个教学模式都围绕教学目标，通过相对稳定的基本教学范型把教学内容、教学方法、教学手段、教学组织形式等要素组合起来，它注重对教学各要素的整体把握。教学模式有着完整的结构框架和一系列的运行要求，因此，在运用教学模式的过程中，既要了解其理论依据，又要掌握其操作程序、教学策略等具体方面，以有效达成教学目标和提高教学效果。

2.针对性

每一种教学模式都指向一定的教学目标，适用特定的教学情境和条件，可以说不存在适用任何教学目标和过程的普遍有效的模式。在选择运用哪种教学模式时，除了要区别所指向的教学目标，还要注意不同教学模式的特性，应针对特定教学目标和教学情境选用最适合的教学模式。例如：自学辅导教学模式以培养学生的独立思考和学习能力为主要目标；传递—接受式教学模式以传授系统知识、培养基本技能为目标。

3.中介性

教学模式上承教学理论，是教学思想与教学规律的反映，它指明要达成的教学目标、应实施的教学程序和运用的教学策略等内容，可以指导师生的教学活动。教学模式下启教学实践，它将抽象的教学理论转化为具体的操作程序，可以使教师明确教学先做什么、怎么样做等问题，教师可以根据教学的实际需要选用更具针对性的教学模式。因此，教学模式在教学理论和教学实践之间起着承上启下的作用，是理论与实践的桥梁和中介，它不仅可以丰富和发展教学理论，也可以指导教学实践。

4.操作性

教学模式是由一套特定的操作程序、教学策略构成,它是一种简明具体、易于操作的基本教学范型。教学模式可以把教学理论具体化为教学行为框架,是相对稳定的、可供参照的一系列教学行为的组合,规定了教师进行操作的程序和步骤,便于教师理解和有效运用。

5.稳定性

教学模式可以通过教学理论的演绎、教学实践经验的归纳总结而形成,在一定程度上反映了教学规律。教学模式虽有具体的适用范围,但一般不涉及具体的学科内容,所以操作程序对教学有着普遍的指导作用,具有一定的稳定性。教学模式往往与一定社会的政治、经济、科学、文化等水平相联系,而且在选用教学模式时需要考虑学科特点、教学内容、教学条件和师生具体情况等因素,需要相应地调节和发展教学模式,所以,教学模式具有相对稳定性和动态发展性。

二、教学模式的主要类型

由于教学模式产生的理论依据不同,加之教学模式形成、发展过程中其他因素的影响,在教学实践中构建起不同的教学模式。关于教学模式有哪些类型,学者从不同角度出发,根据不同标准有不同的分类。

美国学者乔伊斯和威尔在《教学模式》一书中,概括出四类 23 种较有影响的教学模式。包含基于信息加工理论的信息加工型教学模式,如概念获得模式、认知发展模式等;基于行为主义理论的行为修正教学模式,如训练模式、脱敏模式等;基于社会互动理论的人际交往型教学模式,如角色扮演模式、社会模拟模式等;基于人本主义教育思想和个别化教学理论的个性发展教学模式,如非指导性教学模式、课堂会议模式等。

我国学者从师生关系的维度、以教学模式形成所依据的理论性质等标准进行分类,随着教学改革的深入,教育教学实践中也形成了丰富多样的、应用较为广泛的教学模式,下面主要介绍其中的目标导控教学模式、自学辅导教学模式、情境陶冶教学模式三种类型。

(一)目标导控教学模式

1.目标导控教学模式的内涵

目标导控教学模式是以明确的教学目标为导向,以教学评价为动力,以矫正、强化为活动核心,促进绝大多数学生掌握教学内容的教学模式。该教学模式认为教学目标是教学活动的出发点和归宿,教学设计应紧紧围绕教学目标进行,而且通过评价反馈,不断改进教学,使绝大多数学生在有限的时间内达成教学目标,整体提高教学质量。

目标导控教学模式的理论依据主要有布卢姆的掌握学习理论、教育目标分类学和形成性评价理论等。

2.目标导控教学模式的基本程序

目标导控教学模式的操作程序大体是:前提诊断—明确目标—达标教学—达标评价—强化补救。

(1)前提诊断。在教学展开前,对于将要学习的教学内容所涉及的基础知识、技能,可以通过测试、提问等方式进行诊断,了解学生是否已经做好学习新内容的准备。

(2)明确目标。在教育目标分类理论的指导下,教师根据教学内容、学生发展特点等因素确定学习目标,并向学生展示教学目标,使学生对将要学习的新内容及其程度要求心中有数。

(3)达标教学。教师紧扣教学目标,选择合适的教学内容,运用讲授法、谈话法、讨论法、练习法等有效的教学方法,科学组织教学活动,力求让所有学生都掌握教学内容,以达到教学过程最优化。

(4)达标评价。在教学活动后期,通过教师评价、学生互评、学生自评等形式检查学生对教学目标的达成情况,发现学习中存在的主要问题,以便及时调整教学活动、优化教学方法等,进一步改进和完善教学。

(5)强化补救。依据评价获得的反馈信息,对学习过程中存在的问题要及时矫正,对于未达标的学生,采取有针对性的措施,比如强化练习、学习方法指导等形式,尽最大可能使学生达成学习目标。

(二)自学辅导教学模式

1.自学辅导教学模式的内涵

自学辅导教学模式是指以学生自学为主,教师指导贯穿于学生自学过程始终,关注学生自学能力培养的一种教学模式。自学辅导教学模式注意发挥学生的主体性,将学生主动参与学习与教师指导相结合,使学生逐步获得自学的方法和技巧,不断提高学生的学习能力。

基于"教为主导,学为主体"的辩证统一的教学观、斯金纳的程序教学、"学会学习"的学习观等理论,构建起自学辅导教学模式。

2.自学辅导教学模式的基本程序

自学辅导教学模式的操作程序一般是:学生自学—讨论交流—启发指导—练习总结。

(1)学生自学。教师应选择学生感兴趣、适合学生水平的自学内容,为学生提供必要的辅导材料,并对自学任务和所要达到的程度有明确要求。学生根据教师提出的自学任务和要求,独立学习相关材料,并找出已有知识基础与新要求之间的差距。教师要做好巡视,不仅要观察了解学生的自学情况,还要有针对性地及时指导学生自学过程中出现的问题。

(2)讨论交流。在学生自学的基础上,对学习过程中遇到的主要问题进行讨论,在对问题的分析与交流中,可以集思广益、取长补短,培养学生协作精神、分析问题和解决问题的能力等。

(3)启发指导。教师是学生自学的“引导者”,对于经过学生自学、讨论交流环节的学习仍然存在的问题,教师应根据具体情况对学生进行适时的点拨、指导和答疑,帮助学生解决学习中的困惑,但一定要避免直接告诉学生答案,而是尽可能引导学生自己探索问题的解决方案。

(4)练习总结。教师应指导学生通过多样化的作业、实践操作等形式,来消化、巩固和运用自学成果,对于学生的练习,教师要及时给予合理的评价和强化,并对自学任务进行归纳和总结,使学生整体把握所学知识,以有效达成学生自学的目的。

(三)情境陶冶教学模式

1.情境陶冶教学模式的内涵

情境陶冶教学模式是指在教学活动中运用多种手段,创设一种形象生动逼真、情感和认知互促的教学环境,激发学生积极的情感,让学生在轻松愉快的教学氛围中有效地获得知识同时陶冶情感的一种教学模式。情境陶冶教学模式是在吸取保加利亚的心理学家洛扎诺夫的暗示教学理论的基础上,结合我国教育教学实践中的有效经验概括而成。

情境陶冶教学模式认为学生是一个完整的个体,学生的认识是有意识的心理活动与无意识的心理活动的统一,是理智与情感活动的统一。在教学过程中,应充分激发学生的潜能,运用学生的无意识心理活动,把积极情感调动起来,以服务于有意识和理智的活动,使学生在精神愉悦的环境中,获得知识、触动情感和感化思想。

2.情境陶冶教学模式的基本程序

情境陶冶教学模式的基本程序是:创设情境—体验情境—总结升华。

(1)创设情境。创设情境是该模式的核心,教师应紧扣教学目标,围绕教学内容,结合教学条件,通过语言描述、实物演示、新媒体手段、音乐渲染、表演体会等手段,为学生创设一个形真、情切、意远和蕴涵哲理的教学情境,激发学生的学习情绪,努力实现无意识与有意识心理活动、认知活动与情感活动的统一。

(2)体验情境。通过创设合适的教学情境,引导学生积极参与游戏、表演、音乐、谈话和实践操作等多种有益的活动,使学生全身心投入到情景体验中,达到以情启思、以思促情。在此过程中教师是学生情感的激发者和维持者。教师应主动体验特定情境下学生的情感，以使情境设计更加入情入理。

(3)总结升华。教师应在学习活动将结束时进行启发指导和总结归纳，使学生从情境中获取科学知识，领悟学习主题的情感基调，做到情与理的统一，有效达成以情获知、以知促情、情知交融的教学效果。

三、当前大学教学模式的主要类型

2015年，国务院办公厅印发《关于深化高等学校创新创业教育改革的实施意见》中提出，以提高人才培养质量为核心，以创新人才培养机制为重点，注重培养学生的批判性和创造性思维，激发学生的创新创业灵感。大学教学改革的根本目的在于创新人才的培养，而培养创新人才需要教学机制的创新和教学模式的改革。

在人才观念的变革、大学理念的发展、建构主义教学理论等因素的影响下，教学模式注重发挥学生学习的主体性、个性化，重视培养学生的探究精神、创新思维和合作意识。新科技、新技术为教学模式的改革既提出客观要求，又提供技术手段，所以改革大学教学模式，提高人才培养质量成为社会较为关注的问题。大学教学改革产生了较为丰富的教学模式，下面主要论述其中的四个教学模式。

(一)基于问题的教学模式

1.基于问题的教学模式的内涵

基于问题的教学模式(Problem Based Teaching Model)是把教学活动置于有意义与现实密切相关的问题情境中，通过学生自主、合作解决真实性问题，从而掌握隐含于问题背后的科学知识，同时获得解决问题的技能和自主学习能力的教学模式。[①] 该模式是以一个真实的、结构不良的问题来激起学生学习的兴趣，由学生主动分析、合作解决问题，而教师需要创设问题情境，引领学生积极思考、主动参与，教师是学生学习的引导者、帮助者。

基于问题的教学模式是通过引导学生解决实际问题，培养学生的问题意识和合作精神，使学习者建构起宽厚的知识基础，提高学生分析、解决问题的能力和自主学习能力，促进学生思维能力的发展。

---

① 参见唐志强:《基于问题的学习模式在高师小学生心理学教学中的应用》,《教学研究》2016年第2期。

2.基于问题的教学模式的理论基础

在教育教学史上，虽然诸多教育家对通过问题教学帮助学生获取知识进行了阐释，但作为基于问题教学模式的理论基础，主要有实用主义教育思想和建构主义理论。

(1)实用主义教育思想

杜威从实用主义经验论出发，提出从“做中学”的教学原则，认为教学过程是学生通过活动获取经验的过程，也是学生思维发展的过程。根据思维发展的阶段，杜威提出教学过程的五个步骤即“五步教学法”：给学生提供一个与社会生活经验相联系的情境；使学生有准备地去应对在情境中产生的问题；为学生提供必要帮助，能提出对问题解决的思考和假设；学生对解决问题的假设加以整理和排列；学生通过应用来检验这些假设。[①] 可以看出，杜威提出的教学过程是“以问题为中心”的，让学生在问题情境中探索、分析、解决问题，并在过程中获得知识和发展能力，这与基于问题的教学模式的主要理念相一致。

(2)建构主义学习理论

建构主义理论认为，学习是引导学生从原有经验出发，建构起新的经验的过程。学生是意义的主动建构者，不是被动的接受者；个体对知识的建构和经验的组织主要是通过个体与社会的相互作用而实现；学习应发生于真实的学习任务中，教学应以解决学生在现实生活中遇到的问题为目标。建构主义理论主张知识建构的自主性、社会性、整体性和情境性。

基于问题的教学模式在很大程度上体现了建构主义的思想，比如：将学习与更大的任务或问题挂起钩来；设计真实性任务；使学习者投入到问题中；鼓励学生自主探究；鼓励学习者之间协商；鼓励学生对学习内容和过程的反思等。[②]

在教学过程中，教师可以通过创设有意义的问题情境，引导学生积极主动地发现问题和解决问题，这样不仅可以获得与所探究的问题有关的知识，而且易于形成分析解决问题和自主学习的能力。

3.基于问题的教学模式的基本程序

2004 年美国学者麦罗·希尔文(Hmelo-Silver)归纳了由七个步骤组成的、基于问题学习的活动结构(见图 5-1)[③]。

---

① 参见单中惠：《西方教育思想史》，太原：山西人民出版 2001 年版，第 631～632 页。

② 参见张建伟：《基于问题式学习》，《教育研究与实验》2000 年第 3 期。

③ 参见许明、洪明：《当代国外大学本科教学模式的改革与创新》，福州：福建教育出版社 2013 年版，第 58 页。

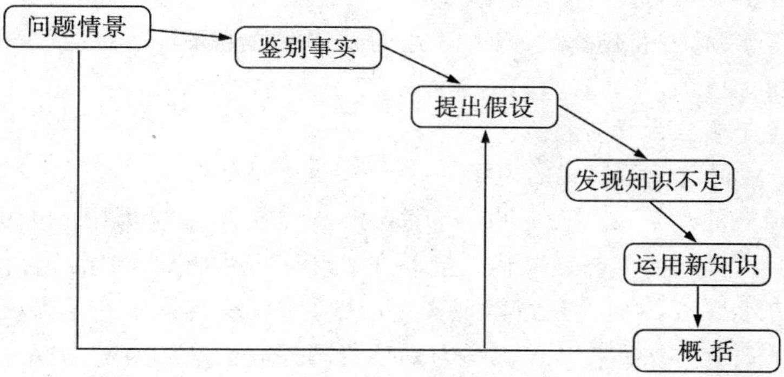

图 5-1 基于问题学习的活动结构

为简化操作流程，我们结合高职院校的《图像再创作——Photoshop 制作母亲节贺卡》的教学案例来阐述基于问题的教学模式的基本程序。[①]

(1)创设情境，确定问题。在明晰学习目标的基础上，需要精心创设真实、有挑战性的问题情境，然后由教师、学生提出要解决的问题。如在明确 Photoshop 图像创作的知识技能、情感态度价值观等目标的基础上，通过在大屏幕上展示一些精美的节日卡片(比如新年贺卡等)来创设情境，并引出为母亲做一张电子贺卡作为母亲节礼物这一问题。

(2)分析问题，解决问题。学生们在分组合作的基础上，对问题进行积极的讨论，分析问题的实质并形成假设；努力收集、获取解决问题所需要的相关知识和能力，然后验证假设，探索问题解决的方案。如学生们分组讨论应如何处理母亲节相关的图片和其他素材，教师简单示范如何使用 Photoshop 中的文字工具、拖拉工具、选取工具等，也可向学生提供 wiki 平台、wiki 网站中针对各种工具使用的专题讲解。学生运用所学的相关知识，使用 Photoshop 工具进行图像的处理，为母亲制作一张精美的电子贺卡。

(3)展示成果，交流反思。各个小组可以选用网页制作、幻灯片、调查报告等多种形式来展示成果，同时教师应引导学生通过多样化的评价方式进行成果评价，并回顾问题解决的过程，进一步发挥优势，弥补不足，使学生获得持续的发展。如在完成作品后，每个小组推荐一名代表说明小组的解决方案，展示小组制作的成果。还将采用小组自评、小组互评、教师点评等多样化方式，对学生作品进行评价，最后由教师总结图片创作的相关技巧。

(4)迁移练习，拓展应用。给学生设置拓展性问题作为课后练习，以更深化

① 参见袁宇翔:《基于问题的教学模式的构建与应用探究》,《教育与职业》2013 年第 5 期。

学生对问题的思考，进一步完善解决方案。如学生课后可以继续搜集母亲和家人的照片等素材，并将创作的原因、表达的感情做好记录，围绕母亲节活动将图片制作得更加完美。

（二）基于项目的学习模式

1.基于项目的学习模式的内涵

基于项目的学习（Project-based Learning）是突出学生为中心的一种教学模式。“项目”是指一个与教学内容相关的具有一定挑战性和系统性的复杂任务[①]，基于项目的学习模式是指以现实生活中真实、复杂的任务作为项目，学生借助一定的研究方法和技术工具参与到项目的探究活动和问题的解决过程中，自主建构有价值的知识与技能，并形成最终作品以展示学习成果的教学模式。[②]学生围绕项目进行探究活动和设计最终作品中，注重学科的综合性，强调学习者的自主性和相互合作，有利于培养学生收集信息、合作交流、解决问题等多方面能力。

基于项目的学习模式主要由内容、活动、情境和结果四大要素构成。[③] 内容主要是现实生活、真实情境中复杂的、综合而开放的、学生有能力进行深度探究的主题；活动主要是指学生采用一定的技术工具和研究方法解决所面临的问题所采取的探究行动。在调查、探索活动中，学生可以达成知识的建构；情境是指支持项目学习的环境，既包括物质实体的环境，也包括信息技术条件所形成的虚拟环境；结果是指学生通过探究活动而学会的知识或技能，既包括运用知识的技能和策略，也包括特定的技能、态度和成功开展工作的信念等，帮助学生“学会学习”。

2.基于项目的学习模式的理论依据

基于项目的学习模式的理论基础主要有建构主义学习理论、发现学习理论、实用主义教育理论等。

（1）建构主义学习理论。建构主义认为，学习是学生在一定的情境即社会文化背景下，借助教师、其他人的帮助，通过学生自主探究和相互协作，从而实现意义建构的过程。学习环境的“四大要素”是指“情境”“协作”“会话”和“意义建构”。这一理论注重以学生为中心，强调学生对知识的主动探索、主动发现和对所学知识意义的主动建构。

---

① 参见杜玉霞、赵淑芳：《研究生基于项目的学习策略》，《教育现代化》2017 年第 4 期。

② 参见许明、洪明：《当代国外大学本科教学模式的改革与创新》，福州：福建教育出版社 2013 年版，第 78 页。

③ 参见刘景福、钟志贤：《基于项目的学习（PBL）模式研究》，《外国教育研究》2002 年第 11 期。

基于项目的学习模式是在教师指导下，学生对现实生活中的项目主题进行自主参与、合作探究，寻求项目任务的解决方案，以实现对知识的意义建构，可以说，基于项目的学习是一种植根于建构主义学习理论的探究教学模式。

(2)发现学习理论。布鲁纳的发现学习理论认为，学生是积极的探究者、主动的发现者，教学过程就是教师引导学生发现问题结论的过程。对于学生的学习过程而言，“发现”不限于寻求人类尚未知晓的事物，还包括用学生自己的头脑亲自获得知识。

基于项目的学习模式采用的是发现学习的策略，学生经历提出问题假设、制定问题的解决方案、收集资料验证假设、得出解决问题的结论的过程，在新旧经验的认知冲突中建立新的认知结构体系。①

(3)实用主义教育理论。19 世纪末 20 世纪初在美国兴起的实用主义教育学的代表人物主要有杜威、克伯屈等人。杜威主张“教育即生活”“学校即社会”“教育即生长”“教育即经验的改组或改造”，倡导活动课程。活动课程的基本形态是“主动作业”，通过主动探索具有真实社会意义的“作业”，学生可以获得直接经验和发展能力。受杜威“思维五步法”的影响，克伯屈提出“设计教学法”。“设计”有“项目”的含义，是学生主动参与的、有目的、有意义的活动。

基于项目的学习模式强调关注学生的兴趣和需要，以学生为中心，让学生围绕项目主题进行探究活动。这与实用主义教育理论的主要思想具有一致性。

基于项目的学习模式强调关注学生的兴趣和需要，以学生为中心，让学生围绕项目主题进行探究活动，并制作作品来展示学习成果，这与实用主义教育理论的主要思想具有一致性。

3.基于项目的学习模式的基本程序

基于项目的学习模式强调以学生为中心，注重小组合作学习和教师的指导，要求学生探究与现实生活中相联系的真实性问题。其操作流程包括选定项目、制定计划、活动探究、作品制作、成果交流和活动评价六个基本环节(见图 5-2)。② 下面以《信息技术与课程整合》为例具体阐述。③

---

① 参见张洪高:《高校学生公共参与意识的培育》,《社会科学家》2017 年第 12 期。

② 参见刘景福、钟志贤:《基于项目的学习(PBL)模式研究》,《外国教育研究》2002 年第 11 期。

③ 参见郭莉、李兴德、邵国平:《基于项目的学习模式在研究生课堂教学中的应用研究——以〈信息技术与课程整合〉为例》,《软件导刊》2007 年第 4 期。

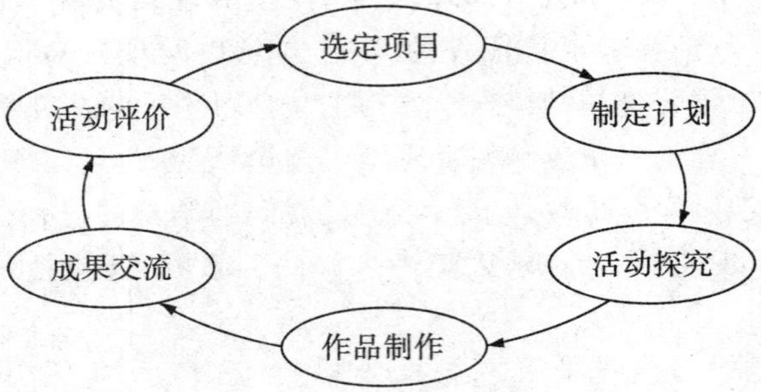

图 5-2　基于项目学习的操作流程

(1)选定项目。基于项目的学习模式中,项目的选择是基础,教师应指导学生选择与他们生活相关、具有研究价值,并与学生已有的知识水平、需要、经验、兴趣等相适应的项目。教师可以对学生选择的项目进行评价、适当调整,不能把某个项目强加于学生。只有明确要学习的项目,学生才能积极主动地完成学习和探索任务。

《信息技术与课程整合》专题确定了"新型教学模式研究"这一研究项目。师生共同协商后,将这个大项目分解为以下八个主题:基于资源的主题教学模式;基于项目的学习;基于问题的学习;基于网络的协作学习;基于案例的教学模式;情境化教学模式;基于概念地图的教学模式;基于电子学档的教学模式。由全班同学分组对这八个主题开展研究。

(2)制定计划。制定计划主要包括对项目所学时间流程的安排和项目所涉及的活动进行具体规划。在主题确定后,学生着手开发上述八个主题学习网站,网站中每个主题的基本组成由主题协作学习平台(含有主题介绍、主题方案、主题进展、主题报告、主题评价)、主题资源库(有文献资料、PPT、多媒体资料库等)和主题论坛。其中"主题方案"是每个小组在研究之前对整个研究过程进行的整体规划,如该主题被分成哪些部分进行研究、组员的分工情况、小组的整体进展规划等。

(3)活动探究。活动探究是基于项目的学习模式的中心环节,关系着项目任务完成的成效,学生在此环节将获得大部分的知识和技能。学习小组通过多种形式的深入调查研究,提出解决问题的假设,而后对借助一定的研究方法和技术工具所收集的信息进行处理、加工,以验证假设,得出问题解决的结论。

在《信息技术与课程整合》的学习过程中,学生以小组为单位开展探究。活动探究的过程一般是在认识研究主题的基础上提出假设；然后可以通过互联网、数字图书馆等搜索相关资源，还可以通过本课程的主题学习网站进行网络协作学习，也可以走访调查熟悉此主题的老师和同学等方式获取丰富的信息，以验证假设是否成立；最终形成项目任务的解决方案。

(4)作品制作。作品制作是基于项目的学习模式区别于一般活动教学模式的重要特征。学生运用在学习过程中所获得的知识和技能来制作作品，通过展示作品来表现他们建构获得的知识、技能等学习成果。作品的形式可以是实物模型、图片、录音录像、网页、研究报告和戏剧表演等，如《信息技术与课程整合》中研究“基于概念地图的教学模式”这一主题的小组，把他们小组的研究成果以概念地图的形式呈现，正因为如此特有的方式，使得同学们对该主题有更加清晰的认识。

(5)成果交流。完成作品制作后，各学习小组要相互分享作品制作的成功和快乐，交流学习过程中的收获和体会。成果交流的参与人员可以包括学生、教师、家长、专家、领导等，可以采用举行展览会、报告会、辩论会、小型比赛等多种形式。如《信息技术与课程整合》中研究项目的成果交流，主要通过主题学习网站中的“主题论坛”和在教室进行课堂交流两种形式，在交流过程中，学生对困惑之处可以向同学、老师寻求解惑。

(6)活动评价。在活动交流的基础上师生要共同进行评价，应体现形成性评价和终结性评价相结合，对个人评价和对小组评价相结合，质性评价和量化评价相结合，以及教师评价、学生自评和同伴评价相结合。如对《信息技术与课程整合》的学习过程进行评价时，在对最终作品、成果进行评价的同时，注重通过学生在学习活动中的成长记录(小组成员个人 Blog)对学习过程进行综合评价。

(三)混合教学模式

1.混合教学模式的内涵

随着人工智能和信息技术的发展，教师讲授为主的传统教学模式已经跟不上社会发展的步伐，数字化与网络化学习逐渐兴起，时代呼唤教学模式的改革。

我国何克抗教授最早倡导混合教学模式，他认为混合教学模式能把传统教学方式的优势和网络化教学的优势结合起来，既发挥教师引导、启发、监控教学过程的主导作用,又能充分体现学生作为学习过程主体的主动性、积极性与创造性。①

混合教学模式采用“线上”和“线下”两种途径开展教学,“线上”教学是教学活动的必备,不是教学活动的辅助;“线下”教学不是沿袭传统的课堂教学活动,而是基于前期“线上”学习成果而继续开展的更深入的教学活动。

2.混合教学模式的理论基础

混合教学模式主要有掌握学习理论、主动学习理论、深度学习理论等。

(1)掌握学习理论。布卢姆提出的掌握学习理论认为,以教育目标为导向,以教育评价为调控手段,只要给予足够的时间和适当的教学,几乎所有的学生对几乎所有的内容都可以达到掌握的程度。② 但教学实践中还不能彻底解决统一教学与学生个别学习需求之间的矛盾,信息技术的发展较好地解决了这一问题,掌握学习理论也为混合教学模式中课前阶段的学习提供了理论基础。

(2)主动学习理论。信息加工理论认为学习过程是通过一系列的内在心理动作对外在信息进行加工的过程。认知科学家的研究表明,主动学习是促进知识由短期记忆转化为长期记忆的最佳方式。混合教学模式中,学生在教师指导下,以自主学习和合作探究的方式参与到问题解决的实践中,并获得知识、技能和情感等方面的发展。

(3)深度学习理论。布卢姆将认知过程的维度分为记忆、理解、应用、分析、评价和创造六个层次。由于当前不少课堂教学仍停留在记忆、复述等浅层学习活动中,深度学习理论者认为,教师应该将培养高阶思维能力作为贯穿课堂始终的目标之一。混合教学模式可以将浅层学习活动在课前进行,而在有教师指导和帮助的课堂中实现知识的内化,以提高学生高阶思维能力的发展。

3.混合教学模式的基本程序

混合式教学改革没有统一的模式,但一致追求充分发挥“线上”和“线下”两种教学的优势,以提高学生学习的主动性和认知参与度。混合教学模式将有限的课堂教学时间拓展到课外,充分利用丰富的课程资源,提高学生自主探究和协作交流能力。混合教学模式的实施流程一般包括“课前”“课中”“课后”三个阶段(见图 5-3)。③

---

① 参见何克抗:《从 Blending Learning 看教育技术理论的新发展(上)》,《电化教育研究》2004 年第 3 期。

② 参见郑建:《浅谈布卢姆掌握学习理论》,《外国教育研究》1990 年第 1 期。

③ 参见李逢庆:《混合式教学的理论基础与教学设计》,《现代教育技术》2016 年第 9 期。

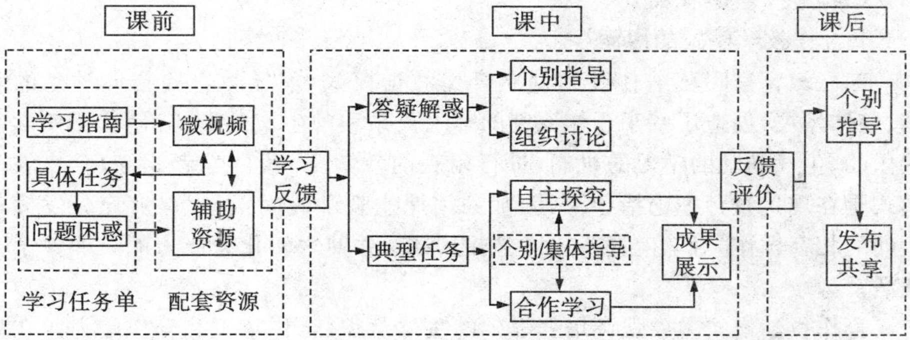

图 5-3　混合式教学实施流程

(1)课前阶段。教师需要将课前制作好的自主学习任务单,和微视频、文字资料、网络链接、PPT 课件等在线配套课程资源上传至学习平台。学生则利用网络学习平台上的相关资源,自主学习并完成任务单中的相关内容,还可以将自主学习过程中遇到的困惑及建议提交至学习平台,形成课前自主学习反馈。同时教师应利用 QQ 群、微信群等网络交流工具与学生进行互动或指导。

(2)课中阶段。针对学生课前学习过程中存在的共性问题,教师可以采用集中讲授或组织讨论的方式进行答疑,也可以必要时进行个别指导。对于典型任务的探究,可以根据不同问题,在教师的指导下采取自主探究或合作学习的方式开展研究性学习活动。在紧接着的成果展示和交流阶段,学生可以通过辩论会、作品展览、演讲等形式,展示研究性学习成果,并分享学习心得和感悟,教师不仅要进行适时的指导和点评,还要引导学生进行深入反思和总结。

(3)课后阶段。在课中阶段的展示交流后,学生将根据教师和其他同学的建议,进一步完善和提炼学习成果和反思总结,并提交至学习平台,以便进行更大范围的交流。如"大学语文"课堂教学中基本可以完成听说读思的训练,而作为"写"的能力,学生可以在课下将自己的学习体会或文本鉴赏材料上传至网络交流平台,并进行交流与分享。[①]

① 参见陈虹:《混合式教学模式在"大学语文"课程中的应用》,《淮南师范学院学报》2020 年第 1 期。

(四)合作教学模式

1.合作教学模式的内涵

苏联教育家阿莫纳什维利创立合作教学模式，倡导教育要指向学生的和谐、整体发展，创造了基于合作原则的师生关系和师生交往形式，创造了使学生快乐的、生气勃勃的学习的机制，进行乐观的教学。[①] 我国学者认为，合作教学模式是在现代教育理论指导下，教师利用课堂教学时间引导学生，充分发挥师生间的相互合作，对学生进行知识、技能训练，并使之转化为能力的一种教学实践活动。[②]

合作教学模式主要强调培养学生的主体意识、合作意识和合作能力。在教师之间、师生之间、生生之间多方互动中，主要可以提高学生的沟通和合作的技巧，培养他们正确的价值观和态度，使他们更好地适应社会，也可以促进教学相长与师生共同发展。

2.合作教学模式的理论依据

(1)人本主义教育思想。人本主义教育思想的核心在于突出学生为中心，强调教育过程中沟通、理解的良好氛围和个体的自我实现。主张教学从满足学生的根本需求出发，根据学生的兴趣进行教学设计，尊重并促进学生个性的发展，强调亲身体验和自我评价，有效实现学生自身价值。

(2)建构主义教育理论。建构主义教育理论强调学生对知识的主动探索、主动发现和对知识意义的主动建构。学习者建构对事物的理解虽然各有不同，但是通过合作方式可以使理解更加丰富和全面。建构主义者重视教学中教师之间、教师与学生，以及学生与学生之间的社会性作用，尤其通过小组学习，学生不断反思自己的思考过程，对各种观念加以改造或重组，不断促进学生建构能力的发展。建构主义强调学习的主动性、社会性和情境性，这与合作教学模式的原则基本一致。

3.合作教学模式的实施

从作为教学主体的教师、学生角度入手，从师师合作、师生合作和生生合作的不同方面，以高校开设的《毛泽东思想和中国特色社会主义理论体系概论》(简称“概论”)课程为例[③]，来阐释合作教学模式的实施。

(1)“师师”合作。教师之间因某个特定目标组成教学小组，共同拟定教学计划，分工协作、相互协调，共同完成任务，这也被称为协作教学。协作教学中

---

① 参见巨瑛梅、刘旭东:《当代国外教学理论》，北京:教育科学出版社 2004 年版，第 8 页。

② 参见葛俊刚:《“合作式”教学模式之浅析》，《教育平台》2011 年第 4 期。

③ 参见卢瑞瑞:《合作教学模式在高校思想政治理论课中的应用》，《宜宾学院学报》2011 年第 9 期。

不同专长教师结构的优化组合，可以充分发挥教师的个性特长和集体合作的力量。如“概论”课教师通过集体备课等多种形式的合作交流，全面把握课程的教学大纲、教学内容，制定教学计划，优化多媒体课件，丰富教学案例和教学视频资料等，有利于引导学生从多角度综合思考和把握马克思主义中国化及其理论成果，以更有效地开展本课程的教学。

(2)“师生”合作。师生合作可以贯穿在课前、课上以及课后的整个教学过程中。课前，教师可以提示学生关注将会涉及的相关知识背景和现实问题，使学生在课堂中快速地找到相关内容的切合点；课上，教师要充分激发学生学习的兴趣，引导学生主动思考相关的理论或现实问题，还要启发学生讨论与他们自己关系较密切的教育、就业等问题，进一步澄清学生的思想困惑；课后，可以为学生提供进一步交流的平台和机会，也应该及时向学生了解本课程教学的反馈信息，获取学生对教学内容、方法等提出的有效建议，以进一步完善、优化教学，促进师生共同发展。

(3)“生生”合作。为充分调动学生主动参与学习，“概论”课教师可以在与同学沟通的基础上，确定与课程内容有关的、学生又具有浓厚探究兴趣的课题，如“转型期的中国，其发展过程中遭遇了什么样的问题或瓶颈？请联系中国国情，谈谈我们该如何正视并解决这些问题”。教师可以为学生提供一些适当的教学视频或资料，如纪录片《国情备忘录》等，在学生看完视频，尤其感情和理智上受到冲击之时，可以将学生分成若干学习小组，分别负责资源、人口等国情方面的一个具体主题。小组成员通过相互讨论、合作，共同完成该小组某个主题的任务，然后由各小组选派代表交流发言学习成果。这样通过小组学习的形式，不仅可以使学生在相互交流中加深对学习内容的理解，也能够充分发挥学生之间的“合力”。

第二节　大学教学的主要方法

恰当合理的教学方法，能激发学生学习的兴趣，提高学生学习的效率，有效地完成教学任务。“互联网＋”时代背景推动了教学方法的改革，翻转课堂、混合式学习、体验式学习、项目式学习等方法被高校教师们积极地应用于高校教学实践中，以更好地促进学生的学习和各方面的发展。

一、教学方法的概述

(一)教学方法的内涵

教学方法是在教学过程中，教师和学生为实现教学目的、完成教学任务而采取的教与学相互作用的活动方式的总称。[①] 教学方法是师生双方共同完成教学活动的方式、手段、步骤等，以服务于教学目的和教学任务的基本要求。

（二）教学方法的基本分类

教学方法分类标准不同，可以有不同的分类形式。根据师生活动方式的特点，可以把教学方法主要分为以下类型：[②]

（1）语言性教学方法。这种教学方法是指教师和学生主要以语言，尤其是口头语言作为媒介来进行教学的教学方法，主要包括讲授法、谈话法、讨论法和读书指导法等。

（2）直观性教学方法。这种教学方法是指在教学过程中教师主要通过实物、教具、示范性实验或带领学生进行教学性参观等方式进行教学，而学生主要以直观感知的方式进行学习的教学方法。这类教学方法能使学生获得直观、形象的感性认识，调动学生多感官参与学习，主要包括演示法和参观法等。

（3）实践性教学方法。这种教学方法是指在教学过程中以形成学生技能、技巧和行为习惯等实际训练为主要形式的教学方法。这类教学方法有利于培养学生的动手操作能力，发展学生的思维等，主要包括实验法、练习法、实习法等。

（4）研究性教学方法。这种教学方法是指在教师的指导下，以学生自主探究和发现为主的教学方法。它对于发展学生的创新精神、实践能力、合作意识等具有重要的价值，主要包括探究法等。

（三）教学方法改革和发展的基本特点

在倡导发挥学生的主体性、彰显学生个性的教育理念下，现代教学方法呈现出主体性和个性化、互动性、现代化和综合性等主要特点。

1.教学方法的主体性和个性化

在知识经济时代，教学的核心任务之一是培养学生的创新精神和创新能力。而学生创造性的培养是以主体性的充分发挥为基础的。所以在教学方法的改革中，应充分学生学习的主体性，始终把学生的主体性放在重要的位置。由于每位学生的发展水平、兴趣、需要等有所不同，因此现代教学方法的个性化是指教学方法更趋于适应学生的个别差异，注重因材施教，以更大程度地发挥每个学生的潜能。当今现代教育技术的广泛应用为教学方法的个性化探索提供了新平台、新手段。

2.教学方法的互动性

新课程改革认为教学过程是师生平等参与、积极互动、共同发展的过程。

---

① 参见李秉德：《教学论》，北京：人民教育出版社 1991 年版，第 193 页。

② 参见王本陆：《课程与教学论》，北京：高等教育出版社 2017 年版，第 198 页。

教学过程不仅是一种特殊的认识过程，更是一种人与人之间平等交流、共享经验的过程。交往互动的本质属性是主体性，交往是共存的平等主体之间的相互作用、相互交流、相互沟通、相互理解。教学过程中教与学的互动、反馈和融合的过程，是对话与交往的过程，是合作意识、创新能力形成的过程。① 教学方法的互动性体现了师师、师生、生生之间多边互动的特点，在多方互动的教学过程中，在不同思想、观点的碰撞交流中，有利于实现教学相长和共同发展。

3.教学方法的现代化

这主要从教学方法的运用需要借助一定的物资设备和教学技术手段而言的。随着科学技术、信息技术的高速发展，大力推动互联网、大数据、人工智能等现代信息技术广泛应用于教学实践中，越来越多的学校把现代教育技术的应用作为教学方法现代化的重要指标。不断探索教学方法的技术化、网络化、智能化和个性化，成为世界范围内教学方法改革的一种趋势。

4.教学方法的综合性

每一种教学方法都有自己的优势和局限性，都有自己适合的应用范围，不可能存在普遍适用于各种教学情境的教学方法。教学中应根据教学的目标、任务、内容，以及学生的发展水平等因素，灵活选用多种教学方法，使它们相互补充、取长补短，最大限度地共同发挥多种教学方法的综合成效。

二、大学教学方法的主要类型

高等学校的首要职能是人才的培养，而人才的培养需要在教育教学实践中借助一定的方式方法完成。在当前深化教育教学改革、优化创新人才培养模式、全面提高人才培养质量的新形势下，大学教学方法改革成为高等教育发展的切入点。现代大学教学方法坚持以人为本的理念，加强对学生学法的指导，着重培养学生的质疑精神、合作意识以及学习能力、创新能力和实践能力等综合素质。下面主要阐述案例教学、探究教学、研讨式教学、情景模拟教学等方法。

（一）案例教学法

1.案例教学法的内涵

案例教学法是以学生为主体，引导学生运用所学知识对来源于现实生活、具有多元表征的潜在价值的案例进行深入研究，从而促其准确掌握课程基本内

① 参见李中国：《教师培养供给侧的问题解析和破解路径》，《国家教育行政学院学报》2020年第1期。

容和基本原理，不断提高分析问题和解决问题能力的教学方法。[①] 案例教学法能使学生成为课堂的主体，鼓励学生独立思考，师生积极进行交流，有利于培养学生融会贯通应用知识的能力、分析解决实际问题的能力。

2.案例教学法的实施

下面以《邓小平理论与“三个代表”重要思想概论》为例，说明运用案例教学法应把握的三个环节：

(1)精心选择案例。教师应精心挑选那些与教材恰当联系，能有效达到教学目的，并具有真实性、典型性、开放性特点的案例。如在讲述“建设社会主义政治文明”专题时可以引入“人大代表通过媒体征集议案”这一案例，它不仅来源于现实生活中的真人真事，而且是学生们关注的热点，可以说是符合教学需要。通过这一现实性、针对性强的案例，可以帮助学生清晰认识到人大代表是通过搜集、撰写、提交广泛代表民意议案的方式，实现人大代表履行职责的权力。

(2)引导学生积极讨论。教师将所选案例提前发给学生，要求学生提前认真准备，积极思考案例，并主动参与小组讨论。案例教学要充分调动学生学习的主体性，但教师的引导也必不可少，比如学生在辩论中可能会出现认识模糊的情况，此时教师应善于抓住时机，适时点拨和引导学生围绕案例、主题进行讨论交流，逐步形成正确的认识。

(3)做好案例分析总结和评价。在进行充分的案例分析、讨论的基础上，把学生个人和小组的观点进行精炼概括，在坚持有理有据原则的前提下，做好案例分析总结。同时对学生总结中反映的普遍问题，教师应在课堂教学和答疑阶段进行集中、及时的解答。还应对学生在案例教学中的表现进行评价，通过评价既可以检验学生学习效果，又有助于提高学生综合能力。

(二)探究教学

1.探究教学的内涵

探究教学的思想源自苏格拉底提出的“产婆术”。探究教学是指在教师的引导下，学生主动参与到发现问题、寻找答案的过程中，以培养学生探究兴趣和解决问题能力的一种教学活动。[②] 探究教学要求教师鼓励、支持学生大胆尝试，并指导学生亲历探究知识、分析和解决问题的过程，从而使学生掌握科学的思维方法，提高探索精神和研究能力，并具有学会求知、学会创新、学会合作等

---

① 参见刘嵘：《案例教学法与启发式教学法在思想政治理论课教学中的运用》，《内蒙古师范大学学报(教育科学版)》2007 年第 3 期。

② 参见韩文萃：《探究式教学应注意的几个问题》，《甘肃教育》2009 年第 8 期。

素养。

2.探究教学的实施

探究教学因标准不同，可以有多种类型和不同层次，这里主要阐释探究教学的5E模式。基于建构主义学习理论，美国生物学课程研究所（BSCS，1989）提出5E学习环，它包括吸引（Engagement）、探究（Exploration）、解释（Explanation）、迁移（Elaboration）和评价（Evaluation）五个环节，每个环节主要内容见表5-1。①

表5-1　5E探究教学各环节的教学要求

教学环节	教学要求
吸引	教师提出与学生现实生活相联系的问题，将学生引入学习状态，同时，了解学生的已有背景知识和相关概念。
探究	在教师的引导下，学生制定计划进行探究，收集证据解答问题。
解释	在学生探究和解释的基础上，教师规范地阐释概念、原理。在教师的指导下，学生使用新知识回答最初提出的问题。
迁移	学生运用新知识、新概念解决新的问题，拓宽和加深学生对概念的理解。
评价	用正式或非正式的方法评价学生对于新知识、新概念的理解情况，和新技能的学习情况。

下面以大学师范类专业的《中学生物实验教学研究》课程为例，来探究5E教学模式在高校的应用。②

（1）参与阶段。教师提前设置预习任务，告知师范生自主预习与本次实验相关的内容，师范生以准生物学教师的角色主动熟悉实验相关内容，使学生将前科学概念和学习经验联系起来，引起认知冲突，促使学生思考当前情景中获得的学习成果。

（2）探究阶段。学生根据预习任务，在课堂上以准教师的身份展示其预习成果并进行相关实验，并在展示或实验结束后进行相关内容的讨论。这一阶段是探究教学的关键环节，能为学生提供直接参与调查研究的机会，对学生知识

① 参见邓可：《5E教学模式在高校实验课程中的实践与应用》，《贵州师范学院学报》2018年第9期。

② 参见邓可：《5E教学模式在高校实验课程中的实践与应用》，《贵州师范学院学报》2018年第9期。

的获得、技能和技巧的掌握起着重要作用。

(3)解释阶段。师范生在经历探究活动的基础上,可以对实验结果进行分析和解释。通过与同学的交流,进一步评价、求证、修订自己的理解,在沟通与辩论中深化对新概念的合理解释。

(4)迁移阶段。为拓展、加深学生对新概念的理解,一方面应运用所学的新概念解释相关的现象和新情境问题,另一方面可以运用新获得的概念进一步深化拓展与主题相关的实验,包括设计、展示实验方案和进行操作等。

(5)评价阶段。教师依照要求和一定标准对学生设计的实验方案和操作过程进行评价的同时,也要引导学生对探究学习的过程和结果进行自评、小组互评等,通过多元主体评价,形成性评价和终结性评价相结合,可以优化本课程的教学效果。

3.探究教学的基本要求

(1)选择好探究问题。探究教学是围绕一定的问题展开的,问题可以激发学生的好奇心和探索愿望。教师应根据教学目标、教学内容和学生的能力水平等因素,寻找难易适度、有探索价值、易于激发学生兴趣的问题。

(2)突出学生的主动探究。学生是探究活动的主体,没有学生的主体参与,就谈不上真正的探究学习。在探究学习过程的中,引导学生主动进行观察、测量、实验、比较等探索活动,收集相关信息,并提出问题解决的方案,还鼓励学生积极进行自我评价,促进学生获得探究学习的方法、自主意识、创新精神和实践能力等。

(3)加强教师对探究过程的指导。探究教学重视学生的主体地位,突出强调学生的主动探究,但需要教师适时的点拨。教师是探究教学的指导者,教师及时合理的指导有利于学生更有效地探究,从而获取科学概念,提高探究教学的整体成效。

(三)研讨式教学法

1.研讨式教学法的内涵

研讨式教学法是以教师和学生为共同的教学主体,就某些共同关心的问题,在民主和谐的气氛中进行讨论的一种方法。[①] 研讨式教学是一种启发式的教学方法,它可以挖掘教师和学生的潜能,促进师生有效地进行民主、互动的

① 参见陈潭、程瑛:《Seminar教学法、案例教学法及其课堂教学模型构建》,《湖南师范大学教育科学学报》2004年第4期。

教学。

2.研讨式教学法的实施

研讨式教学法一般包括教学准备、教学实施、考核评价三个主要方面，下面以《生物学教学论》为例进行具体阐述。[①]

(1)教学准备。该方法实施的关键问题之一是如何选择科学合理的研讨主题。结合教学新理念，依据教学内容，从与社会生活、教育实践等相关的问题中，选择切合教育现实、难易适度，又能引起学生兴趣的主题。另外，教学之初，应向学生提供一份包括研讨目标、研讨选题、评价标准和相关阅读材料等在内的研讨方案。如大学生物教育的专业课《生物学教学论》，这门课程主要确定八个主题，其中第二章“生物学课程和教材”选择研讨的主题是：了解我国近百年中学生物课程的演变历程及存在的问题，并探究“在世界各国的课程改革中，为什么理科课程标准将探究性学习作为教学的核心要求”。

(2)教学实施。研讨式教法的教学实施包括四个环节：学生分组及选择论题；按照课程进度进行资料收集、阅读、分析、整理；课堂讨论；总结归纳。具体过程及时间安排(见图 5-4)。[②] 其中课堂讨论是教学实施的重要环节，它包括任课教师介绍主题、学生进行主题报告或小组代表发言、集体讨论交流三方面内容，下面重点介绍课堂讨论环节。

①任课教师只需要简单介绍与研究主题相关的概念和基本问题框架，不需要作太多的个人评述。

②主题报告或小组代表发言。依据《生物学教学论》主题内容的范围、难易程度以及学生现有的水平，一般分为约 3 课时的大型研讨和约 1 课时的小型研讨。对于难度较大的主题，一般采用以小组作主题报告为主的大型研讨形式；而对于相对简单的主题，可以采用以小组代表发言为主的小型研讨形式。

③集体讨论交流。全班同学针对主题展开自由讨论或辩论，各抒己见，相互交流，以明晰对主题的认识。而教师需要调控、引导学生有效参与到主题研讨中，承担好学生学习的组织者、指导者的角色。

---

① 参见郭永峰、林丹丹、夏晓晴：《Seminar 教学模式在学科教学论中的应用研究》，《齐鲁师范学院学报》2017 年第 1 期。

② 参见郭永峰、林丹丹、夏晓晴：《Seminar 教学模式在学科教学论中的应用研究》，《齐鲁师范学院学报》2017 年第 1 期。

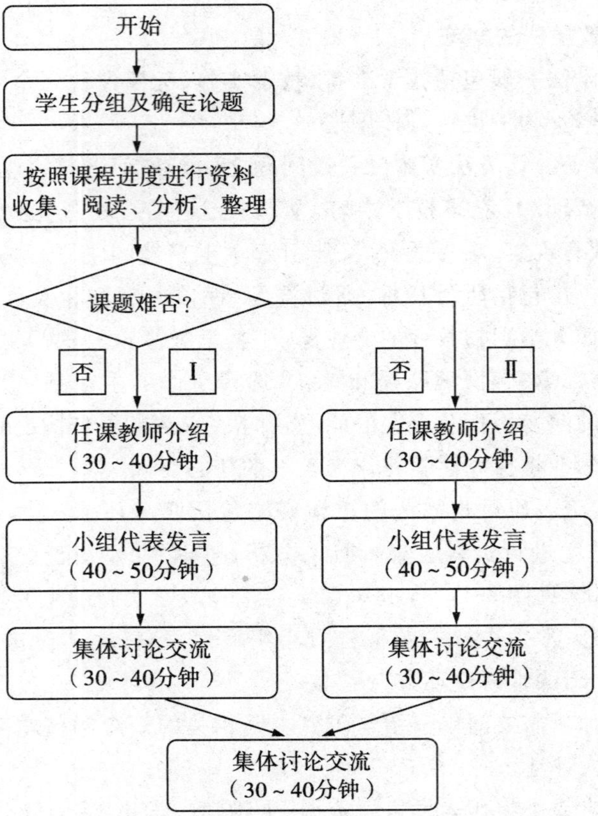

图 5-4　研讨式教学过程的时间安排

(3)考核评价。为保证每个学生能积极参与到主题研讨中,学生总成绩构成除了期中、期末考试成绩外,一般还包括课堂报告展示、书面论文、小组发言与参与集体讨论情况,以及出勤率等主题研讨中的表现。这体现了过程性评价和结果性评价、小组集体评价和个体评价相结合的理念。

(四)情景模拟教学法

1.情景模拟教学法的内涵

情景模拟教学法是指教师根据具体的教学内容,设计特定的模拟主题,通过安排学生扮演不同的角色,模拟情景发展的过程,从而让学生在身临其境中获取知识、提高能力的一种教学方法。[①] 情景模拟教学法具有趣味性、互动性、

① 参见万勇华:《情景模拟教学法在高校"思政课"中的应用研究》,《探索》2014 年第 3 期。

体验性等基本特点，能调动学生多感官参与学习，唤起学生的学习兴趣，使学生在身临其境中加深感受、深化认识，增强教学效果。

植根于教学实践土壤中的情景模拟教学法，理论依据主要有建构主义学习理论、情境认知理论、社会学习理论等。其中情境认知理论认为，知与行是交互的，知识是情境化的，意义是在实践和情境脉络中协商而产生的。学习内容与活动安排应与社会具体实践相联系，并通过模仿或虚拟具体生活情境的方式组织教学。

2.情景模拟教学法的实施

情景模拟教学的实施主要包括前期准备阶段、课堂模拟演练阶段和评价反馈阶段（如图 5-5 所示）。[①] 下面以《组织行为学》为例具体阐述。[②]

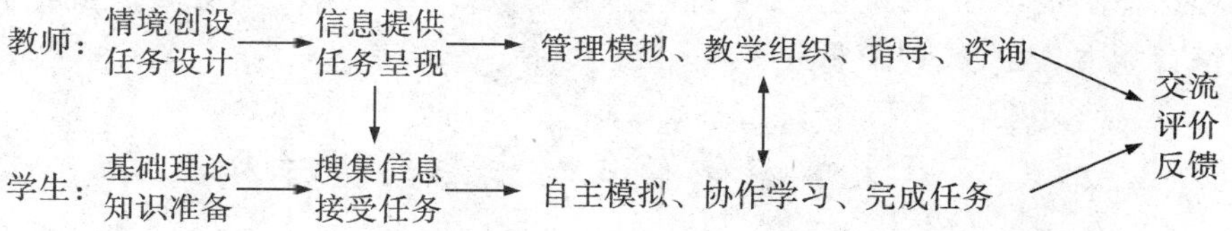

图 5-5　情境教学的基本流程

（1）前期准备。首先，为顺利开展情景模拟活动，教师应制定并提前发布包含活动目的、活动主题、活动形式、活动时间、活动地点和操作流程等在内的情景模拟实施方案。其次，学生认真研读情景模拟实施方案，合理安排任务，组建团队，做好场景布置，准备所需资源、场地设施等。另外，可以通过多种方式发挥学生的特长、兴趣，使学生能精神饱满地参与到模拟活动中。

以《组织行为学》中情景模拟招聘为例，首先由任课教师搜寻目标公司的基本简介、空缺职位及其要求，以及组织行为学的制度和政策等相关资料，其次学生了解招聘相关资料，协商将要承担招聘工作人员、应聘人员、评委、观察员等何种角色。不同角色人员都需要做好相应的准备，比如“招聘人员”应熟悉人力资源招聘的基本流程、选择合适的招聘渠道、撰写招聘广告、安排面试具体事宜，以及布置招聘场景等任务。

（2）课堂模拟演练。在情景模拟演练阶段，学生根据对角色任务的理解积极地扮演某种角色，真正体验所扮演角色的行为与感受，思考如何改进自己的总体表现。模拟演练中，通过角色的轮换，尽量保证所有学生都有机会参与其

① 参见邹琼：《情景模拟教学在〈组织行为学〉课程中的应用》，《理工高教研究》2008 年第 2 期。
② 参见邹琼：《情景模拟教学在〈组织行为学〉课程中的应用》，《理工高教研究》2008 年第 2 期。

中，在亲身体验中自觉地将理论知识与实际操作相结合。教师是模拟演练中的组织者、协调者、指导者和咨询者，对于学生在角色扮演中出现的问题，教师要及时进行启发、解惑。当学生偏离模拟训练的主旨时，教师需要合理调整。如《组织行为学》中情景模拟招聘的时间控制在两节课内，各招聘小组应相互配合，分工协作，共同完成模拟招聘任务，而教师需要对模拟招聘工作提供及时指导和咨询，以有效实现模拟演练的良好效果。

(3)评价反馈。情景模拟教学结束后，学生应该深入分析情景模拟的过程和效果、收获和不足、问题的原因分析与解决策略等，并结合师生评价，认真撰写情景模拟活动报告书。同时，教师也要认真反思主题设计是否合理、对学生的指导是否到位、对模拟活动的点评是否适当，并思考情景模拟活动的成功之处和存在不足，今后的优化措施等问题，认真做好活动总结，以更好地培养学生的综合能力、人文精神和职业素养。

第三节　大学教学模式与方法的选择和应用

为实现教学目标和任务而选用的教学模式与教学方法，是一定教学原则和规律的具体体现。教学模式在层次上低于教学原则，高于教学方法，介于教学原则与教学方法之间，教学模式比教学方法更为复杂，一种教学模式可能包含多种教学方法的组合。由于教学模式与教学方法的联系，可以结合起来阐述教学模式与教学方法的选择与运用。

常言道："教学有法，教无定法，贵在得法。"由于不可能存在适用一切目标、内容且固定不变的教学模式与方法，那么依据哪些因素选择，并如何运用教学模式与方法才是"得法"呢？

一、教学模式与方法的选择依据

(一)依据教学目标选择

不同领域或不同层次的教学目标的有效达成，可能需要不同的教学模式与方法，教师应依据具体的可操作性目标来选择适当的教学模式与方法。大学教学的目标在于培养适应经济和社会发展需要的、具有创新精神和实践能力的专门人才，因此，选择教学模式与方法时既要关注学生扎实的专业知识、熟练的专业技能目标，又要注重培养学生分析与解决实践问题的能力、交流与合作的能力，以及探索精神和科学态度，尽可能地选择符合大学教学任务要求的最佳教学模式与方法。

（二）依据学科性质和教学内容选择

在大学教学中，由于不同专业设置、不同学科特点，还有课程门类丰富、内容各异，需要选择与学科性质和教学内容相匹配的教学模式与方法，而且要具有灵活性。如自然地理中概念、原理内容，可采用演示法、讲解法、谈话法等，其中实践性强的内容，应采用制作法、观测法、野外考察法等方法；而人文地理内容，宜采用社会调查法、参观法、案例法、讨论法、角色扮演法等方法。

（三）根据学生实际特点选择

教学的目的是为了促进学生的发展，这就要求教师应科学地了解学生的年龄特点、认识方式、情感特点、学习习惯等方面，以便根据学生的实际特点有针对性地选择、运用适当的教学模式与方法。在大学教学中，要考虑到大学生身心发展趋向成熟，一般具有持久的注意力、初步的逻辑推理能力、强烈的求知欲，以及一定的基础知识和基本技能等特点，也要考虑学生素质的参差不齐，以选择更为合适的教学模式与方法，激发学生的学习兴趣和创新精神。

（四）依据教师综合素质

只有适应教师的素养条件，能被教师把握的教学模式与方法，才能在实际教学活动中有效地发挥其功用。因此，教师在选择教学模式与方法时，应根据自己已有的经验、理论素养以及个性品质等特点，扬长避短，选择最适合自己优势的教学模式与方法。教师的个性品质影响着教学方法的选择和运用，在教学目标、教学内容、教学条件等大体相同的情况下，不同教师使用同一种方法的教学效果也会因为教师教学风格的不同而彰显独特的魅力。

（五）依据教学环境条件选择

教师在选择教学模式与方法时，在资源、设备、时间等允许的情况下，应最大限度地发挥教学环境条件的作用。现代大学教学的物资设备条件主要包教学实习基地、工厂、企业、农场等可以开展教学活动的场所；教学技术条件则是指学校教学设备、图书馆、计算机中心、实验室等。教师选择教学模式与方法时，应综合利用现有的条件，力求达到最优教学效果。

二、教学模式与方法的有效运用

大学教学模式与方法的发展体现了从教师本位向学生本位转变，从传递接受为主向引导探究为主，从封闭式向开放式转变的教育改革趋势。在新的历史条件下，弘扬大学教学的优良传统，改革、创新大学教学模式与方法，对于提高高等教育质量具有重要的现实意义。

（一）突出以学生为中心

美国学者杜德斯达指出："大学将会变成以学习者为中心的机构，学习者将有更多的选择，他们决定学习的内容、方法、时间、地点，甚至和谁学习。”①教学中应以构建以“学”为中心的教学模式与方法，确立学生的主体地位，教师则是学习学习的引导者、促进者。教师要努力为学生创设相应的学习环境，鼓励学生开展自主性、探究性、合作性学习，培养学生的问题意识、创新精神和实践能力，改善学生的学习方式，从而实现“教是为了不教”的目标。

（二）关注多样化、差异化

教育实践表明，没有一种教学模式与方法能适用于所有的教学目标、教学内容、学校，每种教学模式与方法都有其适用条件和范围，都有其优势和一定的局限性。教师应根据教学目标、教学内容、学生发展水平、教学条件等因素，综合运用多样化教学模式与方法，可以将传统与现代的教学模式、方法，直观性教学与逻辑思维教学模式、方法灵活运用。

教师可以根据学生知识结构、兴趣爱好等的差异，将课堂设计成不同类型，针对各种类型“量身定做”不同的内容和问题，选择个性化的教学模式和方法，以发挥每个学生的优势和特长，使每一位学生都能成为最好的自己。

（三）加强教育信息化

知识经济时代和信息化社会对大学教学模式与方法的改革提出要求，注重教学模式、教学方法与现代信息技术的整合。随着教育信息化的发展，混合式教学、翻转课堂、雨课堂、学习共同体等新教学形态不断涌现。通过创设多样化的学习平台，引导学生开展课内与课外的学习和实践，线上线下的研究与互动，大学课堂正逐步转变为知识建构、师生交流、信息共享的场所。

思考与练习

一、简答题

1.你在教学实践中主要运用什么教学模式？你有什么思考和体会？你认为如何有效运用这些模式？

2.查阅有关文献，小组讨论当前教学模式改革和发展的趋势。

3.选择自己所教课程的某一内容，设计适当、有效的教学方法。

---

① ［美］詹姆斯·杜德斯达：《21世纪的大学》，刘彤译，北京：北京大学出版社2005年版，第71页。

二、材料分析题

分析下面材料并回答问题。[①]

一场别开生面的辩论赛在软件学院某教室拉开序幕，围绕教学案例“生命的拷问：为什么不捐骨髓救我?”，韩老师将两个班的学生分成正方和反方进行“辩论式案例教学”，双方争辩的场面异常热烈，这是学校思政课教学的场景。

将课堂教学与实际紧密结合起来，“案例教学”不是单纯教理论，更要教会学生用马克思主义理论分析和解决问题。《屠呦呦：“非常”诺奖之路》《换届之年的深化党和国家机构改革》《这些年，习近平总书记走过的扶贫路》《塞罕坝：那一抹“中国绿”惊艳了全世界》……一个个贴近生活、贴近实际、贴近大学生的鲜活生动案例受到学生的好评。某学生说：“这些焦点案例是青年学生比较关注的社会热点问题，拉近了理论和现实生活的距离，让我们在思考具体问题中学到了理论知识。”

你如何认识案例教学？请结合自己任教课程，设计一堂运用案例教学的课。

---

① 参见龙海波：《“一体两翼”：教学引来思政活水》，《中国教育报》2018 年第 6 期。

第六章　大学教学组织形式及其变革

学习目标

1.明确教学组织形式的含义、意义及制约因素。
2.熟悉常见的教学组织形式并全面认识班级授课制。
3.了解大学教学组织形式的改革与发展。

第一节　教学组织形式的含义及影响因素

教学是一种有目的、有计划、有组织的活动，教学活动总是在一定的时间、空间中发生的，以一定的组织形式进行。[①] 教学过程中，教师、学生、教学内容、教学手段、教学时间、教学空间等要素如何协调一致以实现教学目的？教师以什么形式把学生组织起来，是通过个别的、小组的，还是班级的形式与学生发生联系？教学活动如何安排？教学时间如何规定和分配？等等。上述问题实际上都涉及教学组织形式的问题。教学组织形式直接影响着教学的规模和速度，教学条件的利用，教学质量的提高，教师和学生在教学进程中的地位与作用、相互关系以及双方积极性的调动和发挥。正确地运用教学组织形式，对完成教学任务、优化教学系统、提高教学质量和效率具有重要意义。

辩证唯物论认为，内容决定形式，形式反过来又作用于内容，形式具有一定的能动性。同理，教学组织形式尽管深受教学内容的制约，但也反作用于教学内容，使教学内容有所变化并使教学活动发挥更大的作用。根据系统论原理的

① 参见项贤明等：《教育学原理》，北京：高等教育出版社 2019 年版，第 281 页。

观点，系统要素的结构直接影响着系统的性质与功能。在教学活动中各个要素在时空上的组合结构，必然会对教学成效产生影响。一般来说，课时安排为50分钟左右，教师和学生在教室里，学生听教师授课，这是我们所熟悉的传统的课堂教学。近些年来，又出现了一些新的教学组织形式，如四川大学数学课程小班上课体系的探索①，中国陆军工程大学机械装备维修课程宽途径、多类型授课形式的实践②。新时期，大学教师重视对教学组织形式的研究，不断探索新的教学组织形式以适应教学实践的需要，具有重要的教育实践意义。

一、教学组织形式的含义

教学是课程实施的主要途径。任何课程设计，最终都要通过具体的教学工作来完成。学校为了完成特定的教学任务，对涉及其中的教师、学生、教学内容、教学手段、时间、空间等要素必然要经过一定的形式来进行组织，教学组织形式是教学理论和教学实践的最终落脚点。③ 教学活动中，如何将学校里众多的教师和学生有效组织起来，这一直都是教学管理和实施的大问题。

关于什么是教学组织形式，国内外各种教育学或教学论专著的定义不尽相同。有的学者认为教学组织形式就是关于教学活动应怎样组织，教学的时间和空间应怎样有效地加以控制和利用的问题④；有学者认为教学组织形式就是教学过程中学生和教师的“搭配”在一定程度上定型化了的持续的模式，是由既定的作息制度和规章制度规定的师生之间的相互作用⑤；还有学者认为教学组织形式是教学过程的重要组成部分，体现出对学生的学习活动进行的按时间的严密组织，与教师的活动是相互联系的⑥。虽然上述对教学组织形式的内涵的表述互不相同，在揭示教学组织形式的基本特点时也各有侧重，但以下四点是大家的共识：第一，教师和学生都要服从于一定的教学程序，可以是集体上课，也可以是小组或个人形式完成教师为其设计的学习任务；第二，师生的活动必须服从一定的时间和空间限制，教师和学生之间结成一定的“搭配”关系；第三，教

① 参见陈朝东、陈丽：《大学数学小班化教学改革实施的实证研究——以四川大学为例》，《数学教育学报》2016年第6期。

② 参见安立周、袁建虎、张晓南：《“机械装备维修”实践课任务驱动教学研究》，《人才资源》2020年第3期。

③ 参见黄甫全、王本陆：《现代教学论学程》，北京：教育科学出版社1998年版，第300页。

④ 参见南京师范大学教育系编：《教育学》，北京：人民教育出版社1984年版，第465页。

⑤ 参见[日]筑波大学教育学研究会编：《现代教育学基础》，钟启泉译，上海：上海教育出版社1986年版，第423页。

⑥ 参见[苏]休金娜：《中小学教育学》，华东师范大学比较教育研究所译，北京：人民教育出版社1984年版，第395页。

师和学生以这种程序和“搭配”关系共同活动，师生间直接或间接地相互作用；第四，在这种相互作用中，包括了教学内容、教学方法、教学手段以及教学步骤在时间和空间上的集结或综合。

根据上述理解，我们将教学组织形式定义为：教学组织形式是教学要素（教师、学生、教材等）借助一定的教学手段（教学方法、教学媒介）按照一定程序在时空关系中的组合形式和活动结构。[①]

二、教学组织形式的意义

从宏观上讲，一种教育思想，无论它体现为教材的改革、教法的改革，抑或是教学模式的变革，都要通过一定的教学组织形式去实施。教学组织形式的改进总是与教学方法乃至整个教学模式的改革融为一体，教学组织形式的合理与否，将直接影响教学活动的进程和效果。尤其是当一种教学组织形式作为教育思想的体现在教育实践中被普遍推广或全盘否定时，可能会导致整个社会人才培养质量的大幅度变化。如苏联在20世纪20年代对“分组教学”的推崇，导致了当时教学质量的降低和教学秩序的混乱；我国在20世纪50年代末和“十年动乱”期间对班级教学的否定，也直接造成了我国教育质量的大幅下降等。

从微观上讲，教学组织形式是教学活动的落脚点，对于教学质量和效益均具有直接影响。一方面，不同的教学方法、教学手段只有运用于相应的教学组织形式中，才能充分发挥其效用。因而，采用合理的教学组织形式，有助于提高教学工作效率。另一方面，教学组织形式决定着师生的关系，因而决定着师生相互作用的方式与效果。作为教学活动的纽带，教学组织形式也直接制约着教学活动能否按照既定程序进行，教学方法与手段能否发挥其最佳功效，从而最终决定教学的成效。

在中国教育实践中，教师在整个教学过程中占据着主导地位，讲授式教学在实践中被广泛采用。自2018年起，针对高等教育，教育部提出高校要淘汰“水课”，打造“金课”。什么样的课堂教学是“水课”？教育部的回应是：“水课是不用心的课、技术含量低的课、过时的课、没有知识能力素质培养的课……”厦门大学别敦荣教授认为，“水课”除了教师水平低、教学能力差、教师缺乏责任心、不具有为人师表的素养外，很重要的标准还包括，教师在课堂教学中唱独角戏，满堂灌，照本宣科；教学过程中，学生缺乏主观能动性，被动学习。[②] 教育部高教司多次强调要提高本科生课程的挑战度，让学生不仅在课堂上学，还要在

① 参见项贤明等：《教育学原理》，北京：高等教育出版社2019年版，第281页。

② 参见别敦荣：《大学教学改革新思维和新方向》，《中国高教研究》2020年第5期。

课下自主学，提高培养人才的质量。由此，倡导将探究式、互动式、启发式教学纳入大学课堂教学，实现教学组织形式多元化和情景化，即综合讲授、提问、答疑、实验、讨论、参观考察、见习等多种形式；在运用讲授式教学时，注意创设问题情景，激发学生探究解决问题的兴趣。利用信息化环境和教学资源管理平台，打破学校边界、教室边界和课堂边界，将课内与课外教学有效结合起来。显然，新时期的高校教师，要以培养高质量人才为出发点，树立正确教育理念，精心组织教学内容，灵活选择教学组织形式。

三、教学组织形式的影响因素

在教学活动中，采用何种教学组织形式，需要教育工作者根据实际情况进行合理的选择。本书立足于教育系统外部变化，以教学组织形式的选择和采用为出发点，探讨有哪些因素制约着教学组织形式的选择和采用。教学组织形式的变革复杂多样，影响它的因素也是多种多样。总的来说，影响教育工作者选择教学组织形式的主要因素既有客观方面的因素也有主观方面的因素。客观因素主要涉及学校的物质资源状况、课程性质与教学内容、师生比、学生之间的差异等开展教学活动的种种客观条件；主观因素则包括教师所持的关于教学过程的认识论、学校教育价值取向以及教育者本人的经验与教育视野等个人主观方面的因素。

（一）客观方面的因素

1.学校的物质资源状况

学校的物质资源指的是学校拥有的教学场所、仪器设备、教学用具和图书资料等。教室、实验室、运动场等教学场所是开展教学活动必要的空间条件；仪器设备、教学用具、图书资料是师生发生互动的中介和传递教学信息的媒体。它们都有数量和质量要求，如果完全不具备，教学活动就无法进行。因此在最低限度的要求达到以后，学校物质资源的充裕程度及其性能，就成为选择适宜的教学组织形式的依据之一。

学校物质资源的不足，会使教师对教学组织形式改革或望而却步，或中途搁浅。比如，国内外一些教育人士对学校班级规模偏大的问题早有非议，研究者确认，缩小班级规模将有利于提高教育效果。但倘若实施，则要修建更多的教室，添置更多的教学设备和仪器，这就需要教育经费的巨大增额，资金能否承付得起就成关键问题。究其根本，学校物质资源的状况反映了社会生产力的发展水平，以及社会科技影响下的教学技术的进步情况。

2.课程的性质和教学的内容

课程的性质和教学的具体内容也制约教学组织形式。课程是偏重于认知发展的课程，还是偏重于技能操练或是强调价值观念的形成？是侧重于理论性认知，还是侧重于事实性认知的内容？是侧重于学科课程，还是侧重于活动课程？不同的性质的课程其教学组织形式都会有所不同。

近年来，国外有些学校已经注意对不同类型的课程采用不同的教学组织形式，像数学、自然科学等一些学生学习水平容易拉开差距的课程，采用同质结合为特征的教学组织，以利于发掘学生个体的学习潜力，使学生的学业进度不会受到阻搁；而像有关社会问题的课程，则仍主张在异质结合为特征的教学组织中进行，采用集体教学的教学组织形式，有利于学生对那些不同于自己的立场、观点的了解，提高其社会适应能力。

3.师生比

师生比是指学校教师人数与培养学生人数的比例关系。一般而言，师生比越大，越有利于小班化教学和个别化教学；反之，师生比越小，则更需要采用大班额教学的组织形式。对于一些边远地区、贫困地区和岛屿地区来说，由于教师缺乏比较严重，师生比悬殊，因而还会采用一些特殊教学组织形式，如复式教学。师生比是影响教学组织形式选择和采用的重要因素，教师与学生的数量直接影响着高校教学组织形式的选择。

4.学生之间的差异

世界上没有两片完全相同的树叶，学生之间也是“人心之不同，各如其面”，一个群体的学生之间没有任何差异是不可能的。不同年龄和身心发展水平的学生，其智力活动的特点、学习精力等方面总是存在差异。如果不考虑其差异的性质和程度，硬把他们集中在一起，教学效果就会受到影响。一般而言，学生之间差异小，更适宜于集体教学；学生之间的差异大，则适宜于个别教学。在有些国家，分组教学的组织形式之所以较为常见，其中一个很重要的原因是这些国家移民多、流动人口多、学生中途转学的也多，而各学校的课程计划、教学要求、教学质量等方面又存在较大差异，由此造成学生之间的学习基础、学习成绩高低悬殊较大，于是采用分组教学似乎就成为较为合理的选择。

（二）主观方面的因素

1.关于教学过程的认知论和心理学主张

班级授课制的奠基人夸美纽斯（J.A.Comenius）受培根哲学的影响，认为感觉是认识的源泉，相信德行、知识和虔信的“种子”存在于人的身上。[①] 把教师当作真理的化身，这些认识和主张使得班级授课制一开始就伴有标准化和外部施予的特征。与之相对，现代教育理论流派的代表人物杜威（John Dewey）在认识

---

① 参见[捷]夸美纽斯：《大教学论》，傅任敢译，北京：人民教育出版社1979年版，第25页。

论上则否定真理的绝对性，认为个人的经验高于一切，经验是在参与社会生活和活动中主动获得的。因此，杜威主张教学过程应成为学生自己主动地探索经验的过程，教师不能企求从外部向学生注入知识。杜威的观点动摇了传统的班级授课制的认识论和心理学基本依据，对“道尔顿制”“设计教学法”等个别化教学组织形式的出现起到了“催生”作用。

在当代，认知心理学和行为主义心理学两大流派理论，对西方国家学校的教学组织形式产生了重大影响。在认知心理学观点的影响下，有的学校采用“开放教学”，把传统的教室布局改为学生学习中心、兴趣中心，扩大活动空间，无指定座位，学生用整片时间进行探究活动，很少安排学生仅坐着听课而无活动的学习，教师不再以传授系统知识为主，而重在启迪学生自己提出问题。而受行为主义心理学观点影响的学校，则致力于教学目标的精确化和实现教学目标的程序化，重视发挥各种新的教学手段的作用，并没有认识到改变传统教室布局的重要性。显然，人们所持的认识论、心理学见解，特别是关于知识的本质特征、知识的获得过程等方面的认识和主张，对教学组织形式的变革和选择产生了一定作用。

2.学校教育的价值取向

学校是社会的一个组成部分，从一定意义上说，学校的教学组织也是一种社会组织，教学组织形式是社会活动的一种形式。在对它的取舍中，蕴含了教育者对一些社会矛盾及其解决的思考。教育者不同的社会价值取向(主要指他们对教学活动承担的社会义务所作的思考)，很可能导致教学组织形式的差异。

在西方，大致有两种社会价值取向的分野：其一，认为学校的组织建构和活动形式应该有利于形成平等的社会结构；其二，教学组织形式应体现出教育的选择功能。持有前一观点的人批评采用外部分组、能力分组、同质分组，认为这样会使后进学生受到冷漠和歧视，如果要照顾和解决学生之间的差异，他们主张采用异质分组、内部分组；持有后一观点的人则认为社会事实上存在分工，需要分工，教育当然也需要分化培养，因而他们重视采用可以有效地促进英才成长的教学组织形式，热衷于外部分组、能力分组、同质分组。近 20 年来，“小组合作学习”的教学组织形式引起了不少人的兴趣。“小组合作学习”增加了学生交往的机会，使教学活动在集体情境下进行，体现了教育者对学生个体社会化的关照，对学生社会技能习得和社会情感发展的重视。这与推进教学组织形式的个别化具有不同的着眼点。

3.教育者本身的经验和教育视野

对某种教学组织形式运用过以后，或看到其优越性而继续坚持，或感觉到不合适而放弃，这是常有的事。也有可能在采用一种新的教学组织形式之初，对其优点看得多一点，对其缺陷考虑不足，后来觉察到其弊端，回想起曾采用或出现过的其他教学组织形式之长处，于是从中提取一定的成分，加以改造利用。一般来说，教育视野比较开阔，善于学习和借鉴的，就容易产生对现有教学组织形式的不满足感。反之，则往往习惯按老经验办，抱残守缺。

第二节　几种基本的教学组织形式

教学组织形式是教学论中的一个重要问题，从教学组织形式的总体发展上看，呈现出从古代的个别教学到近现代的班级授课制，再在这条主线的基础上呈现出多样化的发展格局。尽管现代社会，教学组织形式呈现多样化的特点，但学校仍存在一些基本的教学组织形式，作为未来的高校教师，我们对这些教学组织形式应该有所了解。

一、个别教学制

在古代，受教育的人数较少，只有一些有条件的人才有机会接受教育。除了当时受教育的人少，而且受教育者的知识水平、年龄等都差异比较大，这些特点决定了教师只能根据学生的个人特征分别施教。古代中国、埃及以及希腊等文明古国，最初的教学组织形式都是个别教学制。

具体来讲，个别教学制把各具特点的学生集中在一个教室内，教师一个一个地传唤学生，给学生教授知识以及布置、检查和批改作业。当教师给某位学生传授知识或检查、批改作业时，另外的学生按教师的要求，复习知识或者完成作业。教师会根据每位学生不同的学习内容和学习进度进行安排与指导。与后来的集体教学相比，个别教学制最大的优点在于教师能够根据每位学生的学习基础、认知方式、个性特点、智力水平等作出灵活的安排，便于因材施教。当然，个别教学制的不足也是明显的：第一，不利于学生之间的合作与交流，不利于教师深入认识学生的身心发展规律；第二，效率较低，规模较小，学生之间难以相互学习，共同成长。

案例 6-1　中国古代私塾教学

私塾是我国古代私人所设立的教学场所。它在我国两千多年的历史进程中，对于传播祖国文化，促进教育事业的发展，培养启蒙儿童，使学童在读书识理方面，起过重要的作用。私塾的设置往往是纵向混合班，就是不同年龄的学生在一起学，如蒙馆学馆从3岁到18岁都在一个班上，而县学府学从15岁到50岁也都在一个班上。私塾先生的教学基本分如下几个步骤：首先，学生拿着书本到先生的桌子那里，翻到要学习的这一页，交给先生。先生会先给他点句读，之后范读，学生跟着读，一句一句模仿，最后，先生会给学生讲解句子的意思。然后，学生下去自己复习。复习的内容不仅仅是典籍本身，还包括典籍的注疏和老师的讲解。最后，学生背好书后，举手告知先生，再次去先生那里，接受检查，检查通过后，就可以学习下面的内容了。尽管私塾先生面对的可能是几个，也可能十几个学生，但师生的互动交流方式是一对一的，本质上属于个别教学制。

二、班级授课制

教学组织形式并非一成不变。伴随着社会政治经济和科学文化的发展以及社会对人才培养要求的不断提高，教学组织形式在不断发展和变革，产生与当时的历史条件相适应的教学组织形式。班级授课制是我国目前学校教学的基本组织形式，也是国际上最通用的教学组织形式。

（一）班级授课制的含义及特点

班级授课制，也称作课堂教学。它主要是把学生按年龄和程度编成有固定人数的教学班，由教师根据教学计划中统一规定的课程内容和教学时数，按照学校课程表进行分科教学的一种教学组织形式。与个别教学相比，班级授课制有如下特征：

第一，以“班”为人员单位。班级是进行教学的基本单位，学生在班集体中进行学习，班级人数固定，而且学生的年龄和知识水平大致相当。

第二，以“时”为单位。“时”主要指的是“课时”，教师同时面对全班学生上课，上课有统一的起止时刻和固定的单位时间。

第三，以“课”为活动单位。教师把教学内容以及传授这些内容的方法、手段综合在“课”上，把教学活动划分相对完整且又互相衔接的各个教学过程单元，从而保证了教学过程的完整性和系统性。

（二）班级授课制的基本形式

目前，班级授课的具体形式大致可划分为三种：

1.全班上课

全班上课在现代学校教学中使用最为普遍。其特点主要表现在：教师按照课程进度表向全班学生上课，并向全班学生提供共同的学习任务；教师以讲授为主，以其他方法为辅向学生呈现教材；教师的讲授是学生学习的主要信息来源，教师在课堂教学中具有一定的权威性，学生在课上也可与教师、同学进行多向的信息交流；教师对课程要精心进行设计，充分考虑内容、时间、空间以及学生人数等因素，教师自身的情感、态度和行为会对其学生产生直接影响。

全班上课适用情况比较广泛，无论是强调信息接受，还是强调问题探究，任课教师均可采用全班上课的形式。全班上课的效果会受到多种因素的影响，如，任课教师对班里学生的学习需要和学习准备情况的了解程度、对全班学生学习积极性的调动情况、将教学目标转化学生自己的学习目标的能力、呈现难度适宜的教材内容以及教学进程连续有序的情况等等，这些都将直接影响全班上课质量。

2.班内小组教学

班内小组教学主要是指把一个班暂时分为若干个小组，由教师规定共同的学习任务，并由学生分组进行学习的班级授课形式。[①] 在全班上课的基础上开展小组学习活动，首先要组建学习小组。学习小组主要是为具体的教学活动而组建的，是临时性的，期限可能是几周，也可能是一个学期；小组人员一般 2～6 人为宜，组织小组要根据所要完成的学习任务以及学科性质进行；学习小组成员在学习成绩或活动能力上并不要求“同质”，任课教师一般会将程度不同的几位学生安排在一组，以便他们可以互相交流，互相促进。其次，具体活动过程中，学习小组可以是学科小组的形式，也可以是活动小组的形式，主要受学习任务、活动目的和活动性质的影响。最后，小组学习或活动结束后，小组成员之间要进行讨论、总结并向教师汇报；而任课教师也应切实对小组进行指导和督促，随时解决小组学习中遇到的问题。

班内小组教学的适用情况也是比较广泛的，理科教学中的实验课、外语课上的听说训练、体育课上的技巧训练、技术教育中的实习等，均可采用班内小组教学的组织形式。

3.班内个别教学

班内个别教学主要是指教师因人而异地给学生布置学习任务，并花一定时间以一对一的形式给学生辅导。班内个别教学的对象可以是班上学习基础不太好的学生，也可能是学习速度较快的学生，教师要以学生的学习准备、学习难点和性格特点为依据，给他们提供针对性的指导和帮助。班内小组教学和班内个别教学均是全班上课这种组织形式的有益补充。班内个别教学的意义在于它使教学活动适合了学生的学习需要、能力水平和学习速度，使基础不太好的学生不致失去学习信心，优生不致失去进一步学习的机会和条件，因而，有利于

① 参见李秉德、李定仁：《教学论》，北京：人民教育出版社 1991 年版，第 242 页。

调动学生的学习积极性，有利于因材施教。

（三）班级授课的优点与局限性

班级授课制适应了现代社会大规模培养人才的需要，体现了教学活动的基本规律，是一种富有生命力的经济实用的教学组织形式，与个别教学等教学组织形式相比，其优点主要体现在：

第一，有利于经济有效地、大面积地培养人才。一个教师能够在同一时空里对几十名学生同时进行教学，较之个别教学，扩大了教育对象，加快了教学进度，能够帮助学生实现在短时间内系统地学习人类知识体系，大大提高了单位时间的教学效率。

第二，有利于发挥教师的主导作用。各国的教学实践反复证明，到目前为止，最能充分发挥教师主导作用的教学组织形式仍是班级授课制。班级授课制背景下的教学活动主要是由教师来设计、组织并上课，而且教学方式主要以教师的系统讲授为主。另外，在班级授课背景下，各科教师能在统一的教学计划的指导下，协调一致地对学生施加影响，这一切都有利于发挥教师的主导作用。

第三，有利于发挥班集体的教育作用。把学生编成相对固定的教学班，构成一个较为严密组织领导的集体。学生年龄相近、心理发展阶段相同、认识水平大体一致，容易形成学习集体，这既有利于教师利用集体的力量对学生进行教育，又有利于学生之间相互切磋、相互帮助、共同提高，并促进学生集体主义思想的形成和发展。

第四，有利教学的系统性和连贯性。班级授课制对教学的时间、空间、人员组织、教学内容、学习过程等都有系统的安排和固定的要求，这就有利于教师按照课程计划的要求有目的、有计划、有系统地开展教学工作，确保学生循序渐进的学习和掌握各学科的系统科学知识完成预定的教学计划。

第五，有利于进行教学管理和教学评价。班级授课制的形成和发展，使教学活动日益规范化和科学化，形成了一整套严格的制度。同一班级学生的心理水平、自觉程度和认识水平相近，便于教学管理。同一年级的学生使用相同教材，按照同一进度上课，有统一的教学要求，教学质量的评价标准也基本相同，对教师的要求也大体一致，因此，便于对教学活动的质量和效果进行检查和评价。

作为时代的产物，班级授课制难免存在一定的局限性，主要表现在：

第一，不利于照顾学生的个别差异。班级授课制以集体为中心，面向班级集体，要求全班使用同一教材，按同一进度，在同一时间进行教学。这种教学的“同步化”，容易忽视学生的个别差异，不利于因材施教，不能满足学生个性化学习的需要，这也是班级授课最易受到人们批评的缺点。

第二，不利于发挥学生的独立性和自主性。班级授课制强调教师对教学活动的组织和领导，而教师对课堂教学的计划、组织和控制很容易限制学生的独立性，因为什么时候学习、学习什么、以什么样的速度学习，这些都是由教师安排的，这不利于发展学生的独立性和自主性。

第三，不利于培养学生的创新精神和实践能力。班级授课制强调教师在课堂教学活动中的主导作用，往往缺乏民主的、宽松的教学气氛。这种教学的“集中化”，往往不利于学生主动探索精神和开拓创新能力的培养，而且班级授课制常常以教材为中心，强调系统的书本知识的传授和间接经验的学习。这种教学的“唯书化”，易导致忽视学生的实践活动，使理论脱离实际，学生的实践机会较少，创新意识和实践能力得不到锻炼提高。

三、复式教学

班级授课制在实践中有一种特殊形式，这就是复式教学(combined instruction)。复式教学同单式教学(即把同一年级的学生合成一班，在一个教室内由一位教师教学)相对，是指把两个或两个以上年级的学生编成一班，由一位教师用不同的教材，在同一节课里对不同年级的学生进行教学的组织形式。如，教师给一个年级讲课，让其他年级学生做作业或复习，并有计划地交替进行。复式教学仍具有班级授课的班、课、时的特点，但是不同的是教师要同时组织两个或两个以上的年级的教学活动，直接教学和学生自学作业交替进行。

在我国有些偏远山区、贫困地区或岛屿地区，师资缺乏比较严重，不得不采用复式教学。复式教学对普及义务教育具有重要意义，在高等教育领域内，复式教学较少见。

四、现场教学

现场教学是教师根据一定的教学任务，组织学生到有关现场，通过观察、调查或实际操作进行教学的一种辅助性的教学组织形式。现场教学一般可分为两种类型：一种是根据传授理论性知识的需要，组织学生到有关现场进行教学；另一种是根据学生从事实践活动的需要，到有关现场向学生传授必要的技术。现场教学强调理论联系实际，具有生动、形象、具体、直观的特点。它可以通过使学生直接观察和理解科学技术在社会生活和生产实践中的重要作用，激发其学习主动性；通过丰富学生的感性知识，帮助他们更好地理解和掌握理论知识；通过让学生亲自动手实际操作，训练其综合运用知识的能力；通过教学和实践，帮助师生接触社会，了解社会主义现代化建设的成就和实际，从中受到思想政治教育。现场教学的优点，正可弥补课堂教学的不足。

现场教学的组织，要根据教学计划的目的要求和学生的实际情况，事先拟定教学计划和教学重点，选择典型的教学现场，确定现场指导人以及指导要点，做好一切精神准备和物质准备。在现场教学中，既要注意引导学生在充分感知感性材料的基础上，通过抽象概括，上升到理性认识，又要注意引导学生从理论的高度分析和认识实际问题，培养其提出和解决实际问题的能力。此外，还要注意做好现场教学的总结。

案例 6-2　建筑工程系学生深入工地进行认识实习①

为提高学生对建筑工程设计系统性和整体性概念认识，强化学生综合运用所学知识分析并解决工程实践问题的能力，培养工匠精神，根据教学进程和教学内容，2018 年 4 月 11～13 日，在班主任、任课教师带领下，枣庄技师学院建筑工程系组织 2016 级全体学生到"碧桂园 · 翡翠蓝山"项目部进行现场实习。在现场，施工方工程师对项目进行了详细介绍，特别是液压爬升脚手架工艺和"SSGF"工法。工程师引领各组进行参观讲解，指导老师随组为同学们直观讲解施工现场平面布置、边坡处理与支护、基坑排水措施、筏板基础与独立基础的构造、钢筋的绑扎与搭接、"四口五临边"防护措施等相关知识，并结合施工现场讲解了后浇带的留设原因和后期做法要求，砌体结构的施工工艺等。通过现场提问和解答，指导老师还帮助学生们回忆了课堂所学的平法识图、建筑材料、施工技术、测量放线等专业知识。课堂讲授与现场教学相结合，进一步巩固和加深了学生对专业知识的理解，拓宽了学生视野，有效地补充了课堂教学，学生们受益匪浅。

五、分组教学制

为了解决班级授课不易照顾到学生个体差异和难以进行因材施教的弊端，人们对班级授课制进行了改造，19 世纪末 20 世纪初，分组教学应运而生。分组教学也称之为"多级制"，是指按学生的能力或学习成绩把学生分为水平不同的组进行教学，本质上仍是集体教学。依据是打乱原来的班级组织，分组教学可分为内部分组和外部分组。内部分组主要是指打破年龄限制，根据学生学习能力或成绩的发展变化分小组开展教学；外部分组则主要是指打破传统的按年龄编班，按学生的实际能力和学习水平进行编组。

① 《建筑工程系学生深入工地进行认识实习》.http://jzgcx.sdzzvc.edu.cn/Article.asp? id=251.

分组教学制能够适合不同班级的水平和特点，便于因材施教和培养人才。但这种教学组织形式也存在一些问题，如外部分组是根据学生的实际能力进行编班，那么“能力”如何鉴定？而且，将学生分成所谓能力和水平有高低差异的班级与倡导教育公平的原则是相违背的，也容易让“快班”学生感觉到优越感，降低“慢班”学生的学习积极性。

六、设计教学法和道尔顿制

20世纪初，班级授课制因自身的局限性而受到不少人的否定。设计教学法和道尔顿制都是美国进步教育运动进行学校教育改革试验的产物，都对班级授课的教学组织形式持否定的态度。

(一)设计教学法

设计教学由美国教育家克伯屈(W.H. Kilpatrick)于1918年根据杜威的实用主义理论而创设的一种教学组织形式。克伯屈根据杜威的“思维五步法”提出设计教学法，从逻辑上包括决定目的、制定计划、实施计划、评判结果四个步骤。设计教学法的突出特点是主张废除班级授课制和教科书，打破了学科界限，学习以单元划分，根据学生的生活经验和兴趣来制定学习单元。教师不直接向学生传授知识和技能，而是指导学生从实际生活情境中自己确定学习目标，制定达成目标的工作计划，开展各种实际活动，并检查工作结果。设计教学法突出学生在社会环境中通过主动操作和学习实际有用的知识来激发学生的学习兴趣和学习动机，有利于调动学生的主动性，加强了学生与现实生活的联系。但是设计教学法不按学科进行教学，忽视知识内在逻辑性和系统性使学生难以形成系统化的认知结构，因此也遭到了强烈批判。

(二)道尔顿制

道尔顿制由美国教育家帕克赫斯特(H.H. Parkhurst)提出并试行。这种教学组织形式最初在马萨诸塞州道尔顿市的一所中学实施，由此得名。按照“道尔顿制”组织教学活动，课程表和年级制被取消，班级被打乱，教师不再系统讲授教材，而只指定一些参考书并布置一些作业，学生独立学习教材然后向教师送交作业，通过后再进行下一步学习，这是一种典型的自学辅导式教学组织形式。它与“活动课程”“设计教学法”等结合在一起，构成了进步主义的学校教学论和教学实践的重要部分。道尔顿重视培养学生的学习主动性和自学能力，在理想的情况下确实能够培养学生主动学习和塑造学生的创造才能，但是没有教师系统的传授和讲解，学生会把大量时间浪费在一些没有必要的探索上面，教学容易产生混乱，而且学生也得不到系统培养。

七、特朗普制

个别教学、班级授课制和分组教学均各有利弊，如何克服它们各自的缺点？一种趋势是尽量综合三者的优势，由此导致综合性教学组织形式的探索，特朗普制即是国外综合性教学组织形式变革的典型代表。

特朗普制由美国教育学教授劳伊德·特朗普(L.Trump)于20世纪50年提出。它把大班上课、小班讨论和个人自学结合在一起，以灵活的时间单位代替固定统一的上课时间。大班上课是指把几个平行班的学生集合在一起，采用现代化的教学手段，统一上课；然后由15～20人组成一个个的小班，分小班研讨大班课上的教材或授课材料；最后由学生个人独立自学、研习、完成作业，教师可以给予针对性的指导，以照顾学生的个别差异性。总的来说，大班上课时间占40%，小班讨论占20%，个人自学占40%。特朗普制是一种综合性的教学组织形式，既照顾到学生集体，又照顾到教师集体。

第三节　教学工作的基本环节

教学活动是一个完整的系统，教学工作的进程由一个个相互联系、前后衔接的环节所构成，其中任何一个环节脱链或与整体不协调，都会削弱整体的教学效果。因此，明确教学工作的各个环节的功能及其质量要求对教师提高教学质量，完成教学任务具有重要意义。一般而言，教学工作的基本环节有备课、上课、作业的布置与批改、课外辅导、学业成绩的检查与评定等。其中上课是教学的中心环节，其他几个环节都要紧紧围绕上课这个中心环节来进行。

一、备课

备课是教学工作的起始环节，是教师对上课的准备。备课直接关系到课堂教学的顺利进行和质量提高，具体包括钻研教材、了解学生、设计教法、编写教案等。备课是上好一堂课的前提，是提高教学质量的根本保证，也是培养教师教学能力的一条重要途径。

(一)备课的基本内容

教师备课的内容主要有以下几个方面：

1.钻研教材

教师备课要认真钻研教材，阅读有关参考资料，做到“胸中有书”。教师要认真制定教学方案，做好教学进度的安排，弄清本课程的教学目的、教材体系、基本内容和教学方法的基本要求，明确各章节的重点、难点与关键点。教师钻研并掌握教材，有一个逐步深化的过程，一般要经过懂、透、化三个阶段。所谓“懂”，就是掌握教材的基本思想、基本概念；“透”，就是透彻了解教材的结构、重点与难点，掌握知识的逻辑关系，对教材内容融会贯通、运用自如，将其纳入自己已有的知识体系；“化”，就是教师的思想感情要和教材的思想性、科学性融在一起，达到出神入化的境界。

除了上述准备，教师还应注意在平时的学习、生活中有意识地博览群书，收集有关教学资料，为课堂教学做好充分准备。

2.了解学生

为了使自己的教学能切合实际、有的放矢，教师必须全面深入地了解学生的情况，包括知识基础、学习态度、方法和习惯、理解能力、兴趣爱好、个性特点、健康状况等，做到“目中有人”。除了一般了解外，还要根据每一课题（单元）的具体情况，进行专门重点了解，研究学生在接受新课中可能遇到哪些困难，会产生怎样的问题，会采取什么样的态度等，从而有针对性地开展教学。

3.设计教法

教师备课要考虑好如何组织教材、确定教法、选用教具等问题，做到“手中有法”。教师要根据对学生的了解、教学的目的与要求，确定教材的组织形式、课的类型、课的展开方式和进程以及教学所运用的教学方法和手段。教师在研究了教学目的、教材内容和学生实际之间的联结点、选择确定好具体的教学方法后，还要设计并写出最优化的教学方案，以使教学可以有计划、有步骤、有组织地进行。

（二）备课的基本特点

1.备课的预见性

备课是对上课的准备，它要准备的内容中绝大多数是当时尚未发生的，因而具有一定的预见性质，这要求教师必须具备一定的教学预设能力。在备课时要注意设身处地站在学生学习的角度，以教学效果为衡量标准，全面深刻、具体细致的准确预见教学过程中可能会出现的问题，有针对性地超前做好准备工作，保证上课的顺利和有效。

2.备课的计划性

备课要为教师充分发挥主导作用提供保障，这就要求教师备课时必须制定好有关教学活动的切实可行的计划。有程序、有步骤地将教学的目的、任务一一落实到具体的活动措施中，合理安排教学的重点、难点、教学的进程顺序、活动结构和时间分配及其教学活动的方式与方法，以克服教学的盲目性和随意性，使教师的课堂教学有章可循、有法可用，最终达到预期的目的。

3.备课的操作性

备课所形成的计划和方案不能只作原则性的规定，而应当明确、具体、简便、易行，使教学活动化为一个个连续进行的操作性步骤。课堂教学中的每一操作性步骤，最好都是事先经过精心设计而富有成效的。备课时设计的操作性步骤虽小，却不是纯技术性的东西，它是教师的教学思想、知识结构等全面素养的具体表现，最能体现教师教学艺术的深层功力。

4.备课的灵活性

备课的内容与方法均不宜规定得太死板，要有一定的弹性和灵活度，注意留有适当的变化余地。所谓"计划不如变化快"，备课时应注意多设计几套教学方案，以便在情况发生变化时能随机应变，而不致一时手足无措，妨碍教学的顺利进行。

5.备课的个别性

备课是一种再创造的艺术性劳动，它必定会打上教师思想与个性的烙印。每位教师的知识结构、能力品质、审美情趣、气质类型、性格特点等都是存在差异的，因而，备课总是会体现出教师强烈的个人特色，是别人所无法"越俎代庖"的。因而，教师在备课时要注意探索最适合自己的特点、最能发挥个人优势的方式方法，以使自己的教学形成独特而鲜明的个人教学风格。

（三）备课的基本要求

教师备课时，应注意处理好如下几对关系：

第一，处理好入与出的关系。教师备课要注意深入浅出。"深入"是指教师要结合教学的任务和目的而深入钻研教学内容，"浅出"是指教师要以最适合学生心理发展水平和特点的方式方法传授给学生。

第二，处理好博与约的关系。教师备课要注意以约驭博。"博"是指备课时要博采众长，"约"是指酌取精要。只有以约驭博，才能很好地使教师的博览群书为把握教学重点难点服务，体现出教师工作的主体性。

第三，处理好实与活的关系。教师备课要注意实中求活。这里的"实"是指教学目的、教材内容和教学对象等对备课的规定性，"活"是指所备的教学内容、原则与方法等对学生的适应性。教师应注意寻求规定性与适应性的最佳结合点，做到既不因遵循规定性而呆板划一，也不因强调适应性而迁就学生。

第四，处理好述与作的关系。教师备课要注意述而且作。"述"是指备课内容的选择要严格遵循教材固有的系统性和科学性，讲清基本概念、原理、公式、定义等；"作"是指在"述"的基础上有所发挥、有所创新，对教材内容进行必要的阐释、补充、评价、延伸等。述而不作，教师便成了知识的搬运工；不述即作，所作往往会成为空洞无物的主观臆测。只有述而且作的教学，才对学生掌握科学知识、提高认识水平、培养创新能力有着至关重要的直接影响。

第五，处理好教与学的关系。教师备课要注意教学并重。既要着眼于如何完成教学任务而设计相应的教师的教学活动，又要着眼于如何促进学生的发展而设计相应的学生的学习活动。只有很好地解决了教与学的关系，才能谈得上教对学的促进和转化。

二、上课

(一)上课的意义

上课即课堂教学的实施过程。教学任务的落实主要是通过上课来达到的，教学工作的成败，最终也取决于教师上课的质量。上课对备课、批改作业、课外辅导等环节具有支配和决定的作用。其他教学环节虽然也是全面完成教学任务不可缺少的组成部分，但都是围绕上课这一中心环节而展开的。教师必须抓住课堂教学这个提高整个教学质量的关键，切实将功夫下到课堂 45 分钟上，以确保其他教学环节的顺利进行。

(二)课的类型

根据教学目的和任务的不同，可以将课划分为单一课和综合课。[①] 单一课一般是指一节课内主要完成一种教学任务。常见的单一课包括，以传授新知识为主要任务的新授课，以巩固新知识为主要任务的复习课，以检查学生知识技能为主要任务的检查课，以训练学生技能技巧为主要任务的练习课等。综合课也称混合课，顾名思义，是指一节课内完成两项或两项以上主要任务的课。

(三)一堂好课的标准

现代高校包括科研、教学、社会服务等多种职能，其中，教学仍是其最基础的职能。上课是学校中分量最大的教学活动，是整个教学的中心环节，如何衡量一堂课上得好还是不好，需要有一个基本的标准。

1.目的明确

教学目的是否明确、具体、恰当，直接关系到教学任务的落实、教学质量的提高和学生的身心发展。高校教师在具体教学中要落实立德树人的任务，做到以文化人、以德育人，不断提高学生思想水平、政治觉悟、道德品质、文化素养，做到明大德、守公德、严私德。要把立德树人内化到自己工作的各个方面，落实到教学工作的各个环节，做到以树人为核心，以立德为根本。

2.内容正确

一方面，指教师讲授的内容、呈现的教材必须是科学的、正确的，不能与科

① 将课划分为不同的类型，简称课型。

学结论或公理相悖；另一方面，指教师的讲授、概念的定义、原理的论证等应是遵循教育科学的客观规律，应当准确、有条理和符合逻辑。

3.方法恰当

教学活动要促进学生德智体美劳和谐发展，课上使用的方法应当符合教材特点、学生特点，并能够充分利用现有设施条件，有利于学生顺利掌握教学内容。

4.组织得好

即整个课堂教学的实施基本符合课时计划的设计，各个部分进行得有条不紊，环环相扣，始终保持一种良好的课堂气氛，教师能够机智地处理课堂教学过程中出现的各种偶发或突发事件。

5.积极性高

整个教学过程中，教师和学生都能处于积极主动的状态之中，教师积极启发学生的思维，激发学生的智力活动，整个课堂活动都表现出在教师引导下学生的积极性参与。

三、作业的布置与批改

课外作业是促使学生加深对知识的理解，并将知识转化为技能技巧的重要环节，也是教学反馈的重要途径。

（一）课外作业的意义

对学生布置的课外作业，是课内作业的继续和发展，是教学活动的有机组成部分。它有助于学生理解和巩固课堂教学中所学的知识；有助于学生通过练习活动形成相应的技能、技巧；有助于学生养成独立思考的好习惯；有助于学生发展独立获取知识的能力、运用知识分析问题和解决问题的能力与创造才能；有助于学生形成按时完成任务的责任心和克服困难的意志品质。任何高水平的课堂讲解都不能取代课外作业的重要教育作用。

（二）课外作业的类型与内容

根据作业的目的，课外作业的类型主要包括：第一，为新课作准备的作业。如预习新课、收集资料等。第二，为复习和巩固所学知识的作业。如复述、背诵等。第三，为形成熟练技能和技巧的作业，如数学专业微积分等课程的计算和解题练习，物理、化学等学科的实践练习等。第四，为发展学习能力和形成学生良好的认知结构的作业，如将对已学知识进行整理归纳，形成知识图谱等。

根据作业的性质，课外作业的类型主要包括：第一，重复模仿型作业，主要指以课本内容为准，要求学生仿效的作业；第二，简单变式型作业，主要指教师把课本上的内容稍加变化而形成的各类作业；第三，应用实践型作业，主要指那些运用所学知识联系实践中某些课题的作业;第四,变通独创型作业,主要指引导学生运用已有知识,经过发散思维和集中思维得到独创性结果的作业。[1]

根据作业的练习形式,课外作业的类型主要包括:第一,口头作业,如阅读、背诵等;第二,书面作业,包括书面练习、课程论文、绘制图表等;第三,实践活动作业,如实验、实地测量、各种技能训练、社会调查等。

根据完成作业的学生范围,课外作业的类型主要包括:第一,要求全班学生都必须完成的作业;第二,只要求个别学生完成的作业,如只要求少数学习有余力的学生完成的提高题,只要求少数学习困难的学生完成的补漏性的基本题等。

(三)布置和指导学生课外作业的要求

第一,作业的内容要符合课程标准和教材的要求。注意理论联系实际,既要有典型性、启发性的作业,也要兼顾理解性、巩固性和应用性的作业,要把着眼点放在基础知识的掌握和基本技能的培养上,尽量避免大量的单纯机械的重复性作业。

第二,作业的分量要适当,难易要适度。作业的分量要根据本门学科上课和自习时间的比例来确定,作业的难易可以学生的一般水平为衡量标准。

第三,作业的形式宜多样化。教师要经常变换作业的性质和形式,这样会提高学生做课外作业的兴趣。

第四,作业的要求应明确、具体。教师应明确规定作业的形式、作业的要求以及规定完成的时间,以确保学生真正理解作业的要求。

(四)课外作业的批改

教师批改作业的方式多种多样,一般包括全面批改、重点批改、轮流批改、当面批改、师生共同讨论批改、指导学生互相批改等。现实教学活动中,教师可以根据实际情况选择学生作业的批改方式。不管采用何种批改方式,需要注意的是,教师要力争做到有统一的标准、公平合理,在批改的同时,注意分析学生作业错误的性质、数量及其成因,以作为改进教学和学生个别指导的依据。教师的作业评语力求具体明确而不笼统、措词精当富有启发性、字迹工整能起示范作用。

四、课外辅导

(一)课外辅导的意义

课外辅导是课堂教学的一种补充形式,但不是上课的继续和简单重复。它

① 参见刘文明:《教学中承上启下的环节——关于作业之研究》,《教育研究》1992年第2期。

有助于教学适应学生的个别差异、贯彻因材施教原则，让全班学生都得到提高，对于提高教学质量具有重要意义。同时，课外辅导的特点要求教师必须具备有别于课堂教学的、行之有效的辅导学生的专门技术。所以，它既是衡量教师教学水平的重要方面，又是锻炼和提高教师教学艺术水平的有效途径。

（二）课外辅导的类型及内容

按课外辅导的对象水平，可分为对优等生的辅导、对中等生的辅导和对后进生的辅导。

按课外辅导的内容性质，可分为思想性的辅导：对学生进行学习目的和学习态度的教育；知识性的辅导：针对学生对所学知识的理解与掌握的情况，或答疑、或补课、或改正、或深化；方法性的辅导：指导学生掌握正确有效的学习方法。

按课外辅导的手段特点，可分为口头说理的、文字提示的、行为示范的辅导形式。

（三）课外辅导的基本要求

第一，教师要积极主动地做好课外辅导，不能消极对待。教师必须深入细致地了解学生的学习和思想状况，在此基础上区别情况、对症下药地确定课外辅导的内容重点和相应措施，这样有的放矢地进行课外辅导，才能收到较大成效。教师进行课外辅导时，应注重学生独立钻研、自学为主，不要包办代替，以免影响学生能力的发展。

第二，辅导力量除教师外，还要充分发挥学习成绩好的学生的积极性，组织课外学习小组，引导学生相互帮助。这既能相应地促进他们从辅导中得到提高，而且也能促进同学间的团结友爱与互相合作，有利于集体主义思想的体现和发挥。但需要注意的是，不能因此而过分加重优等生的负担。

第三，课外辅导的方式可根据学生的不同情况来确定。个别有问题的采用个别辅导的形式；部分学生具有共同性的问题，则可采用小组辅导的形式；学生中存在普遍性的问题，则可采用集体辅导形式。

此外，课外辅导的时间要注意合理安排，防止占用学生的正常学习时间或太多的休息时间，加重学生的学习负担，影响学生的身心健康。

五、学业成绩的检查与评定

（一）学业成绩检查与评定的意义

学业成绩的检查与评定是测试教学效果、对教学过程进行控制调节、提高教学质量的一个重要环节。其目的是了解教学情况，改进教学。一方面，学业成绩检查与评定有助于促进学生努力学习。通过学业成绩的检查，学生可以从中得到有关反馈信息，了解自己学习的成效，发现存在的问题，找出与学习目标之间的差距，分析其原因，增强学习的责任心，培养自觉的学习态度，调整学习的方法，进一步提高学习的质量和效率。另一方面，学业成绩的检查与评定有助于促使教师改进教学。通过对学生学业成绩的检查与评定，教师可以发现自己教学工作中不足，认真总结经验、吸取教训，调整教学要求与内容，为改进教学方法提供必要依据。

(二)学业成绩检查与评定的方法

学生学业成绩的检查一般分为考查和考试两类。

考查是在教学过程中，为了随时了解学生的学习状况而采用的一种方法。通过平时考查，教师与学生可以发现教与学中存在的缺漏与不足，及时弥补和改善。高校考查常用的方法有口头提问、检查书面作业、书面测验、课程论文等。其中，口头提问是课堂教学中常用的一种检查学生学习情况的方法，书面测验多用于课题或单元教学结束之后，课程论文也是高校常用的一种考查形式。

考试是对学生知识、技能的综合检查。正确地组织考试，对于确保教学质量、促进学生发展有重要作用。考试可采取笔试、口试和实践性考试等多种形式。第一，笔试是通过对全班学生提供同样的考题，要求学生在规定时间内做出书面解答的一种检查方式。其优势在于使用同一标准可以测试出班级的平均水平，发现教和学共同存在的问题。笔试又可分闭卷、开卷两种方式，教师可根据实际需要灵活选定。第二，口试是通过让学生面对面地口头回答教师所出的题目来检查学业成绩的一种方式。它可以单独使用，也可以和笔试配合使用。口试既能检查学生的知识掌握程度及其综合运用能力，又能检查学生的口头表达能力和临场应变能力，便于了解每个学生的具体情况。局限性在于，口试占用时间较多，而且还需要教师掌握一定的技巧。第三，实践性考试是指通过实践活动对有些实际操作能力(如实验、操作、设计和制作物品)进行检查的一种方式。教师要注意根据学科特点、学生年龄特点和检查目的确定考试方式。必要时也可以把以上几种形式结合起来使用。

目前，学生学业成绩评定的主要方法有两种，即百分制记分法和等级制记分法。百分制记分法的最好成绩为 100 分，一般满 60 分为及格，不满 60 分者为不及格。百分制记分法便于比较学生成绩的差别和排出先后顺序，常用于考试试卷的评分。等级记分法有五级分制(优、良、中、及格、不及格；或 5 分、4 分、3 分、2 分、1 分)和四级分制(优、良、及格、不及格；或优、良、中、差；或甲、乙、丙、丁)两种。等级记分法对各级的标准有比较明确的规定，便于对学生掌握知识的水平作出综合性的质量评定，常用于平时的考查、口试的评分和作文等综合检查的评分。

第四节　大学教学组织形式的变革

教学组织形式并非一成不变，伴随着社会政治经济和科学文化的发展以及社会对人才培养要求的不断提高，教学组织形式也在不断发展和变革。

中世纪大学崇尚权威、强调思辨的价值观念决定了大学以宗教学说和经院哲学为内容，教学活动主要以读课为主，辅以辩论的方式，教学组织形式往往仿效行会的“师徒制教学”；还表现为一种固定化和程式化的游学，通过四处游历，吸取人类文明成果并加以传播。

文艺复兴运动的兴起加速了欧洲现代化的步伐，人文主义思潮开始浸染大学课程，人文知识体系的渗透推动了大学课程的世俗化。大学开始围绕专业和学科组织课程，教学的组织形式也借由学科的丰富而走向多样化。1810 年，德国教育家洪堡被任命参与筹办建立柏林大学。柏林大学崇尚“学术自由”“教学与科研统一”，倡导培养学生的独立精神和创造性思维，注重启发学生对学术问题的大胆探索，培养学生的科研能力。德国大学提出讨论会、讲座和实验教学等研究式教学方法和教学组织形式，并被欧美国家的大学纷纷效仿。

19 世纪末期，西方大学逐渐呈现由精英教育向大众教育转化的趋向，在教学和科研功能的基础上，大学增加了社会服务的功能。强调教学与实践相结合，课程世俗化不断加强，促使西方大学课程彻底完成了由古典人文向崇理尚实的转向。至 20 世纪 60 年代，以美国为先导的西方大学进入高等教育大众化阶段，大学结构呈现专科、本科和研究生教育等不同层次的多样性，随着适应社会需求的专业人才培养目标的提出，除了传统的班级授课的教学组织形式，大学的教学方式在研究式教学的基础上，衍变为强调多样开放式和合作式教学。

就我国目前的情况而言，大学普遍采用的仍是班级授课制的集体教学形式。班级授课制的教学效率高，能让学生较为系统地掌握各学科知识。但是它也存在一些不足，如教学方法单一、班级人数众多，不利于学生个体的充分发展，很难达到理想的教学目的。单一地运用班级授课制，易导致学生产生心理疲劳，也不利于大学教学质量的提升。随着信息技术迅速发展，无限增长的信息资源成了学校教学、科研的重要资源。现代信息技术已经不仅是教师教学的工具，而且也是学生学习活动必不可少的信息环境和丰富的学习资源。学生的课堂教学已经突破地域、学校、课程、经济、文化和师资的限制，学生的学习方式已经被互联网所改变，引发大学教学组织形式的变革与创新。

一、远程教学

当前，我国高等教育发展突出的趋势：一是高等教育大众化，二是教育技术现代化。尤其是利用现代教育技术手段开创的远程教学成为扩大高等教育规模，加速培养各类高级技术人才，提高民族科学文化素质的重要途径和有效措施。远程教学是计算机及其网络技术在教育中广泛应用催生的一种新型的教学组织形式，实质就是一种网络教学。它不仅突破了时空限制，学生可以自行选择和确定学习时间、地点、进度等，学习形式灵活多样。而且在教学资源以及教学活动组织程序上均有其独特优势，因而正成为高等教育事业中最具活动、优势和特色的一种崭新的教育形式，成为大学教学的一种重要的教学组织形式。

案例 6-3 《人力资源管理》课程远程实时在线教学①

浙江广播电视大学利用现代教育技术，让身处不同地区、隶属于不同教学点的教师通过视频会议系统，为同样身处不同地区、隶属不同教学点的学生实时在线合作授课，从而实现教学团队远程实时在线课堂教学。

在开课前，教学团队首先进行了分工，确定两位主讲教师、两位助教、两位项目辅助人员。教师和学生分别来自浙江广播电视大学开放学院、嘉兴广播电视大学、海盐学院、平湖学院、温岭学院等不同教学点。首先，将课程进行整体教学设计，然后提炼出若干个教学模块，两位主讲教师分别负责不同的教学模块，精心准备教案；其次，助教的工作主要为课前引导学生如何使用在线课堂，课中回答学生的提问，课后帮助学生解决遗留问题；再次，项目辅助人员主要负责学生的调研，并对课堂进展情况提出客观意见；最后，教学团队成员要及时沟通和交流，保证课堂教学的效果。

远程实时在线合作课堂教学采用 QQ 或微信群中开通群视频的方式进行。上课前通过短信、QQ 或微信的途径发布上课信息，上课信息包括教学内容和教学时间，在语言上进行适当的激励，引导学生适当准备，对课堂产生期待。《人力资源管理》远程实时在线合作课堂教学的上课时间通常为一小时，更紧凑，更能吸引学生的注意力。教学采用“多位主讲＋多位助教”的形式，尝试团队合作教学。在具体教学过程中，助教会建立实时在线

① 参见李芸、赵爽：《远程实时在线合作课堂教学组织形式探究》，《继续教育研究》2019 年第 2 期。

课堂教学的专用讨论组，将不同的班级群学生拉入讨论组。这个讨论组实际上就相当于一个独立的课堂，可以与QQ群的其他功能分离，不受干扰，便于教学。教学中非常注重采用案例教学的方式，在每一个模块中都会设计导入案例、知识点案例，带动学生通过案例情景，学会分析和判断、学会解决问题、学会反思。在内容讲解完毕后，会进入“试试看”的教学环节，围绕教学内容给出几道题目，让学生进行选择，测试学生听课效果，增加师生互动。整个远程实时在线合作课堂教学结束后，教学团队会专门留出10分钟左右的时间，与学生交流课堂中的问题，对每一位留言的学生进行语言或文字的鼓励，并预告下一节课的时间和内容。

以班级授课制为代表的传统授课形式要求学生都聚集在一个教室里，通过教室里桌椅摆放的不同，来达到较好的教学效果。尽管远程教学无法通过物理环境的变化来优化教学效果。但是，课堂教学从线下改为线上，极大地突破了传统教学的空间要素，实现了教学组织形式的变革。

长期以来，高校主要针对成人教育有限地利用互联网远程在线教学，然而2020年的新冠疫情把“互联网＋”环境下的远程教学组织形式推到了教学最前沿。远程教学因其操作的可行性、使用的方便性、交互的实时性、反馈的针对性等特点被广泛接受。相信不久的将来，线上网络教学必定会和线下课堂教学相得益彰，进一步丰富和完善教学手段和方式，实现以人为本的智能教学。远程教学也会成为一种常态化的教学组织形式，与传统的教学组织形式取长补短，共同推动教学的快速发展。

二、小组教学

随着社会的发展和教育自身的进步，人们对教育追求的目标不再是数量的扩大，开始转向质量的提高。关于小组教学这一教学组织形式，在欧美发达国家和大学已开始普遍推行。小组教学体现了教育观念的变革，有利于实施探究性的学习，开发多样性的学习资源；有利于发挥学生的学习主体性，给其个性发展提供自由空间；有利于教师的课堂管理，给学生创设良好的学习环境；有利于加强师生之间的互动，建立良好的师生关系。小组教学是大学教学组织形式发展的必然趋势，有着重要的实践意义。

案例 6-4 声乐小组教学训练[1]

声乐小组课就是以小组为单位进行的小范围的集体授课形式。衡阳师范学院音乐学院在声乐教学中,将学生组成声乐小组,提高声乐训练质量。一个声乐小组一般由 3～5 人或 8～10 人不等的学生组成。分组前,教师会考虑学生的音色、程度、唱法、男女声等特点,将具有共性特点的成员们编成一组,集体授课,有计划地在各学习阶段统一解决某一个类似的问题。在课堂上,声乐老师能解决学生很多声乐歌唱中常见的问题,也可以更详细地对每一个小组成员进行个人指导。上声乐小组课的过程中,每一位小组成员都可以互相汲取对方的优点,互相倾听对方的不足之处,能有效地锻炼小组成员们的分辨能力以及学习好的演唱方式,对小组成员们在学习声乐基础理论和学习声乐技巧方面有很大的帮助和提高。

三、小班化教学

小班化教学(Class Size Reduction,简称 CSR),也称作“小班化教育”,主要是指以缩小班级规模、减少班级人数为基本特征的教学组织形式。20 世纪 70 年代以来,以美国为代表的欧美国家围绕小班化教学开展了丰富的实践和研究。小班化教学研究的兴起一方面缘于人们对班级授课制的不断反思和批判,另一方面也是教学组织形式改革不断深入的结果。[2] 20 世纪 90 年代中后期,我国上海、北京等地的中小学相继开展小班化教学实验,后渐渐扩散至高校。目前,我国大学本科自然班的规模一般在 40 人左右,但很多大学的专业课会采取合班上课的形式,导致教学班级规模都比较大。作为一种教学组织形式,小班化教学在高校实施是非常必要而有益的,尤其是应用型本科院校人才培养强调应用型,突出实践性,小班化教学能够更好地组织教学,实现人才培养目标。

与大班教学相比,小班化教学具有明显的优势,如,更有利于因材施教,更有利于培养大学生发现问题、分析问题、解决问题的能力,更有利教师与学生之间的互动交流,也更有利于优化学习条件,提高教学资源的使用效率和效果。

---

① 参见《衡阳师范学院音乐学院声乐课程组在线教学简报》,http://yyxy.hynu.cn/info/1016/2820.htm.

② 参见杨中枢:《我国小班化教学研究综述》,《教育研究》2012 年第 4 期。

案例 6-5　四川大学大学数学课程小班化教学体系建构①

大学数学是绝大多数理工科专业构建知识体系的基石。高校扩招后，学生人数众多，大班额的课堂教学不利于数学教学的开展，学生数学水平参差不齐。面对这种现状，四川大学积极进行课堂教学改革，倡导探究式教学、小班教学、翻转课堂等，这里就包括大学数学课程的教学改革。自2011年招生开始，学校便把部分班级编成每班25名左右的学生。此时，小班上课的比例仍不足40%，有些公共课班级人数仍然很多。但是，学校不断努力，使小班课程数达到了全校课程总数的60%左右，逐步形成小班上课体系。截至2015年，四川大学小班化教学已达到63%。四川大学小班化教学改革取得了一定的教学效果。从经济成本的角度讲，小班化教学成本高昂，但其教学效果却十分明显。

根据中国人口、高校学生人数的实际情况，完全实行30人左右的小班教学并非当前高校课堂教学的现实所能及。但是，随着我国经济水平的发展，应该不断降低班额，不断缩小大学课堂人数。将“大班授课”和“小班研讨”相结合，通过小班化教学、小班研讨课教学创造一个宽松的教学环境，从真正意义上改变传统的以知识传授为主的课堂教学组织形式。

四、其他个性化的教学组织形式

教学组织形式不仅受制于社会经济政治和科学文化的发展，也受制于教学的任务和内容。大学里，存在多种学科专业，它们的性质不同，课程内容差异较大，这决定了其教学组织形式也会存在差异。我国高校随着经济社会和现代信息技术的发展，不断探索和创新教学组织形式，部分学科专业，如，机械专业、医学护理专业等，在实践教学中，摸索出了一些个性化的教学组织形式。

案例 6-6　宽途径、多类型的综合型教学组织形式②

“机械装备维修”课是中国陆军工程大学机械专业本科学生的重要专

① 参见陈朝东、陈丽：《大学数学小班化教学改革实施的实证研究——以四川大学为例》，《数学教育学报》2016年第5期。

② 参见安立周、袁建虎、张晓南：《“机械装备维修”实践课任务驱动教学研究》，《人才资源》2020年第3期。

业基础课程，其实践教学对岗位适应能力的培养特别重要。现有的“机械装备维修”课程实践教学内容是线性的。学生先进行技能方面的训练，然后再逐渐将知识运用起来。这种教学组织形式的最大弊端在于，实践教学不能很好地与理论课程直接衔接，不利于学生在头脑中形成完整的装备维修实践全景。基于任务驱动教学的理念，中国陆军工程大学的教师们创新教学组织形式，提出由传统教师主讲的一个人负责制的教学组织形式，转变为宽途径（校企协同、内外结合）、多类型（课堂讲授、实践学习、录像幻灯、微课网络等）的教学组织形式。

课程教学过程中，将源于装备维修实践的具体问题、实际案例以及来自修理中的实际问题作为任务载体，将教学内容融入其中，使学生在解决问题、分析案例和研究项目的过程中培养和提高维修技能。邀请工厂修理技师和一线修理技术人员针对这些问题进行现场教学，使学生掌握机械装备的维修经验、技术和方法，学会用系统思维的方法思考和分析各种实际问题，能够对机械装备维修时效特性、经济特性进行分析，具备运用维修保障资源的手段和技能。

课程组在教学组织形式设计摸索出一套多样而合理的教学方法，如：采用案例式教学法，围绕教学案例细化了各个知识节点的教学设计；采用讨论式教学方法，适时适量安排学生进行互动和讨论，并就讨论命题、互动发起的时机和讨论的组织形式等问题进行了详细的研究和论证；运用场景教学方法，选择装备维修活动主要岗位模拟场景，主要包括修理分队长和工程师岗位模拟场景、机关调度岗位模拟场景等，分别从装备的维修内容、维修器材选择供应等实际需求出发，模拟不同场景下各种角色的修理活动，增强学生对岗位职能的认知意识。此外，还充分利用网络教学资源，依托网络教学平台开发网络课程（微课、CPOC等），利用网络教材、网络课件、教学录像等丰富的教学资源，开发网上自主学习、讨论交流、布置作业和组织考试等功能，提高学生学习的积极性和自主性，提升课程的教学效果。

案例 6-7　上海中医药大学护理学院构建形成的中医护理工作室教学组织形式①

中医护理学作为传统医学文化的重要组成部分，其整体、辩证的医护观点具有贴合中国国情、符合国民需求的宝贵特质。它在满足国民养身防

① 参见陶莹：《一种新型教学形式》，第二军医大学博士毕业论文，2013年。

病方面的优势日益凸显。然而，近年来中医护理学的传承情况不容乐观，文化特色弱化、传承内容流于形式已成为阻碍其前行的诟病所在。上海中医药大学护理学院本着传授中医护理理念，教授中医护理技能的教育责任，积极进行教学改革，探索形成中医护理工作室的教学组织形式。工作室教学是一种融合理论与实践的教学形式，适用于实践性知识的传授和理念的传承，深入探讨并拓展其功能将对中医护理传承起到积极作用。

中医护理工作室往往以较强的行业影响力和专业代表性的名老中医护理专家命名，专家凭借其丰富的职业经验和崇高的职业精神成为工作室成员学习的楷模和对象。专家在工作室活动开展期间与成员共同制定工作室活动主旨，提供工作室学习素材和学习资源。尚未进入临床实习的一、二、三年级护理本科学生加入工作室，与教师结对子，形成师生合作学习小组。加入工作室的学生通过观学、做学、访学、自学、互学的活动方式开展工作室活动。“观学”主要是指护理学生通过聆听专家讲座，分享专家对中医或者中医护理文化的见解和认识，探索了解传统医学文化的路径；“做学”是指护理学生通过参与研究实践完成对中医护理知识的意义建构。每个学习小组的护生参与各自指导老师负责的研究项目，通过实际参与中医护理科研项目，将“坐学”所得的理论知识转化为“做学”中的具体行动；“访学”是指护理学生通过探访行业前辈，从中医护理学的发展历史中探寻文化的内涵和意义。“自学”是指学生可选择自己感兴趣的方向深入学习研究，教师适当给予指导，学生阶段性学习成果于工作室学习会议上进行交流分享；“互学”是指护理学生通过演讲或材料展示与工作室成员分享阶段性学习成果，师生之间互相提供建议和看法。

思考与练习

一、简答题

1.历史上出现过那些教学组织形式？试列举三种，并说明它们各自的优缺点。

2.有人认为，在未来的社会里班级授课制将被取消，你怎么看待这一观念？

二、材料分析题

材料 1　某高校为了调动学生学习的积极性，提升教学效果和教学质量，积极进行公共课的课堂教学组织形式改革，譬如：将电视媒体、新闻工作中的一些组织形式，像“记者招待会”“国际大专辩论会”“新闻发布会”“今日说法”等引入哲学课和思想品德课的教学中；将学生“自己命题自己答”的教学法引入教育学的授课中；将研究文献报告讨论法、随堂实验报告法等引入心理学等课程的教学之中。

材料 2　混合式学习(Blending Learning)就是要把传统学习方式的优势和数字化或网络化学习(E-Learning)的优势结合起来，也就是说，既要发挥教师引导、启发、监控教学过程的主导作用，又要充分体现学生作为学习过程主体的主动性、积极性与创造性。目前国际教育技术界的共识是，只有将这二者结合起来，使二者优势互补，才能获得最佳的学习效果。混合式学习形式上是在线学习与面对面学习的混合，但其更深层次是包含了基于不同教学理论(如建构主义、行为主义和认知主义)的教学模式的混合，教师主导活动和学生主体参与的混合，课堂教学与在线学习环境的混合，不同教学媒体的混合，课堂讲授与虚拟教室或虚拟社区的混合等。

思考：请根据材料思考影响教学组织形式的因素主要有哪些？如何看待信息技术带给教学组织形式的影响和冲击？我国大学教学组织形式的发展趋势将会怎样？

第七章　大学课程与教学评价

学习目标

1.全面理解和深刻把握大学课程与教学评价的多元内涵。
2.知晓大学课程与教学评价在大学课程建设与质量管理中的重要作用。
3.明晰大学课程与教学评价的具体实施策略，尤其是对发展性评价、终结性评价等不同评价策略有基本的认知。
4.能够结合高校人才培养的需求和大学教育教学的发展趋势，合理把握我国大学课程与教学评价的未来走向。
5.合理化地运用于本专业领域的课程教学评价之中，具备一定的持续改进课程质量的能力。

案例 7-1　大学课堂教学评价引起关注

2010 年，内蒙古师范大学学者郑珠对北京市 63 所高校的 120 名教师的教学基本功比赛进行了全程跟踪，形成了系列大学课堂与教学评价的研究成果，包括《大学教学与评价量表》在内的研究成果引发了较大的关注，来自专家和学生的双主体评价让大家对大学课堂教学评价的认识不断趋于科学化。

2018 年 11 月，在某省举办的高校青年教师教学培训班的研讨环节，参加培训的三位青年教师就“关于如何看待大学教学评价”的议题产生了激烈争论：青年教师 A 认为大学课堂的评价是一种摆设，因为除了授课教师本身，其他人并没有资格对别人的课堂“指指点点”。青年教师 B 则不以为然，他认为教师本身并没有太大的动力去主动改进自己的课堂教学，相反，来自外部的评价则能够很好地推动教师进行教学质量的改进。青年教师C则否定了外部的教学评价，认为目前来自教务处或者教学评价中心的外部评价仅仅是管理手段，是为了评价而评价，早已背离了评价的初衷。

2019年6月，一场以“大学课堂教学质量综合评价”为主题的专题研讨会在四川大学召开。与会人员就如何实现本科教学质量逐步提升，围绕持续改进学生评教和督导评教等各类评价方式，如何打造更加科学化、智能化，有时效、更有实效的综合评价体系等评价议题展开了热烈讨论。

人才培养质量是大学发展的生命线。课程是大学教学的基石，有效的课程与教学评价则是落实大学“以教学为中心”理念的重要保障。课程教学质量是影响人才培养质量的最直接、最关键因素。因此，如何在课程教学中评价学生学习效果，是高校一线教师和教学管理部门非常关注的重要问题。近年来，围绕大学课程与教学评价的问题，学界和一线实践都进行了较多探索，在当前深化大学教育教学改革的时代背景下，大学课程与教学要善于通过评价要质量，在课程与教学评价的概念认知、评价目的、实施策略和改革走向等方面积极进行实践探索和实践创新，打造出更多符合大学生专业发展和个人成长的大学“金课”。

第一节　大学课程与教学评价概述

评价是对人类活动或事件进行价值判断的过程，是人类社会中早已存在的行为。然而，系统科学的评价活动也就是近百年的事情。20世纪30年代，美国学者泰勒首次提出了“课程评价”的概念。最初的课程评价主要是用以评估教学目标和改进教学的成绩测验，因此课程评价更多的是获取学生所学内容或学习效果的证据。

一、大学课程与教学评价的内涵

从应用层面上理解，大学课程与教学评价的内涵的确不应是单面的，而是立体的。在大学课程所承载的多元功能中，课程的评价既包括同教学直接相关的因素，如教学目标、教学方法、教学技术等方面，还包括同教学间接相关的因素，如教学组织方式、课堂氛围、有效互动等。国内课程与教学论专家钟启泉就提出，课程评价要尤为重视对学生从课程和教学中产生了哪些变化，如知识、思维、情意以及技能等方面加以评价。

一是目的说。大学课程与教学评价的内涵是“以改进教学”为目的的评价活动。因此，评价是对课程和教学活动的价值与效果进行揭示，从而为大学课程开发和教学优化提供有效信息支撑的一种专业行为。

二是诊断说。大学课程本身是面向未来的，也就是说，大学课程评价应是为了促进学生素质的提高而搜集和应用信息并作出有关课程决策的过程。大学课程与教学评价的内涵是“对课程的开发、计划的价值”进行的诊断性活动。大学课程评价是以一定的方法、途径对大学课程的规划、课程实施的可能性、有效性和教育价值等进行研究和判断，从而为课程改进、提高提供依据和建议的活动。因此，这种课程与教学评价往往具有鲜明的“行动取向”。[①]

三是多元说。大学课程与教学评价是多元要素构成的评价集合，由诊断性评价、形成性评价和总结性评价等评价环节共同构成。大学课程的评价在大学课程领域具有重要的作用，包括：①诊断作用：通过对已经进行的课程实施过程进行评价，可以得到实施效果与课程目标达成度的信息。②指导作用：课程评价所搜集的信息可以为学生的下一步学习提供指导，或者直接为教师提供下一阶段教学活动的方向打下基础。

四是综合说。持此种观点的学者普遍认为，课程评价是从目标、行为、内容和方法等全方位的系统化评价。这种认知伴随着世界范围内课程理论与实践的持续改进和深化，大学课程与教学评价的内涵也呈现出随之而变的动态特征。尤其是经济合作与发展组织（OECD）对课程的理解定位为“有意识、有计划地编制的教育内容”和“从人际关系中学到的潜在内容”，其对课程内容的强调进一步延伸和丰富了课程评价的内涵。

评价是对某一事物的价值的判定。学者朴雪涛认为，对大学课程评价的认识不能过于复杂化，简单地理解，大学课程评价就是对大学课程的价值的判定或者是对大学课程及其实施效果达到教育目标程度的判定。[②] 课程评价是依据一定的评价理念，采用必要的方法、途径对课程的计划、结构、活动以及结果等有关问题的价值或特点作出判断的过程。课程评价经常会与学生评价混淆，被解读为对学生学习结果和学习过程的评价。

事实上，课程评价的对象不仅包括参与到课程实施当中的学生、教师和学校，即对课程效果的评价，还包括对课程计划的评价，即课程理念与课程结构的反思、课程目标合理性与达成度的评价、课程设置与培养目标一致性的评价。

---

① 参见周永凯、田红艳、王文博：《现代大学教学评价理论与实务》，北京：中国轻工业出版社 2010 年版，第 127 页。

② 参见朴雪涛：《现代大学教学论研究》，哈尔滨：黑龙江人民出版社 2002 年版，第 181 页。

总之，课程评价的内容丰富，不仅评价对象多元化，评价的主体和评价的方法也可以多元化，而课程评价外在表现的差异主要来源于其依据的评价理念的差异，在不同的理念背景下，课程评价的内容、方式、方法会有千差万别。

那么，为什么对课程评价会有着不同的理解呢？这个问题看似无趣，但是弄清其中的缘由有助于我们深刻地把握课程与教学评价的深刻要义。其中一个不容置疑的原因便是“课程”这一概念的多样性。“课程”的侧重点不同也就导致课程评价的差异性，如果课程是某一具体的学习目标，那么课程评价的内涵更偏重于在具体教育过程中学生的实际学习效果；如果课程是指学生的学习经验，那么课程评价则更加强调学习经验的教育性，是否具有科学性、逻辑性和可行性等。

总体而言，关于课程与教学评价，研究者们给提供了多种内涵界定，这也足以说明课程评价的复杂性和多样性。但是究其根本，评价的作用就是判断和改进。因此，大学课程与教学评价的根本指向在于寻求用以改进教学的可信赖证据，其内涵包括对教学本身的过程评价以及对学习成果的结果评价，是贯穿于课程与教学全程的专业性活动。

二、大学课程与教学评价的特性

研究和探讨课程评价的特性，可以更好地把握课程评价的实质，更好地开展课程评价，促进课程评价理论与实践的发展。一般而言，大学课程与教学评价主要有如下特性：

一是课程评价具有社会性。这种社会性是由现代大学课程体系的灵活性特征影响的。大学课程要具有不断适应外部变化的自我调节能力和机制，能够随时针对社会需要作出相应的反应，不断处理它本身与社会需要、现代科技、知识内在逻辑与学生个体发展水平之间关系的问题。① “问渠哪得清如许，为有源头活水来”，大学课程体系只有不断适应外部环境的发展，才会产生源源不断的活力。②

二是课程评价具有包容性。课程评价要就课程标准、课程方案、教材以及课程编制方面的问题作出价值判断。它不仅是结果评价，还要求有过程评价、背景评价等；不仅要评价课程本身的价值，还要就课程理论的发展作出判断；在

① 参见皮武：《生成之魅——大学课程决策实地研究》，长春：吉林大学出版社 2013 年版，第 228 页。

② 参见谢维和：《中国当代教育学家文库——我的教育觉悟》，北京：人民教育出版社 2016 年版，第 444 页。

评价的方法、手段上也更为复杂，如测量、考试、统计、访谈、作品分析、调查、追踪、实地观察等。在评价的主体上，根据不同需要，又可以有自我评价、专家评价和行政评价。这需要课程评价要根据社会发展的情况、学生身心发展特点以及课程发展规律来进行。课程评价作为一种社会活动过程，评价的目的、评价的过程、评价标准的制定、评价主体的确定以及评价结果的运用上都富有包容性。

三是课程评价的多主体性。课程评价的参与者是广泛的，课程实施者自身作为评价主体，进行实施工作的自我总结评价，课程理论工作者可以是评价主体，课程决策与管理人员，甚至学生、家长、社区代表等都可以作为评价主体参与课程的评价。

四是课程评价具有定量与定性的双重特性。20 世纪 70 年代后，课程评价领域开始由传统的量化课程评价转向质性课程评价，西方发达国家的课程评价正超越传统的量化评价，积极运用新兴的质性评价。[①] 课程评价虽然是主观的价值判断行为，但不是主观臆断，它要通过系统全面地收集，定量与定性的分析，作出反映客观事实的主观判断。这样的主观判断绝不是仅靠某一阶段、某一局部的零星资料来进行的，否则就会影响评价的可靠性和有效性。

五是课程评价具有发展性。课程评价的目的是为了改善和发展课程，由于社会的不断变化和发展，对教育的要求在发生变化，课程也需要不断改进和发展。作为对课程发展具有价值判断作用的课程评价，在目标、内容、方法等方面同样也要发展和变化。在一项具体的课程评价活动中，课程评价本身也不是固守着既有的评价方案和策略，它要随着评价过程的实际情况不断地进行调整和变革。

课程评价的特性还取决于课程评价哲学。由谁来决定课程评价的内容，如何收集和分析数据，解释和判断数据的标准是什么，谁是最后评价结论的判断者等等问题都涉及课程评价的特性。传统的课程评价比较注重学生的学业成绩，强调由教师采用标准化测验的方式进行，而现在的课程评价强调学生、教师、家长、社会共同参与，评价者使用定性和定量的探究形式来获取有关课程工作和学生学习的数据，每一位参与课程设计与实施的人员都应该参与分析和判断数据。通过评价促进反思，以改善课程质量。正因为如此，“行动研究”“对话”“参与式观察”等方法与思想在课程评价中越来越被重视与应用。

---

① 参见刘明照：《高校院系专业结构保障调整与认证及教学质量保障指导手册》(上)，北京：中国教育出版社 2008 年版，第 247 页。

第二节　大学课程与教学评价的多元类型

人们的思想长期以来受应试教育的影响，过分重视考试成绩，认为“考试＝评价”，分数成了传统教学评价的标准。然而，大学课程与教学评价更多地倡导多一把尺子量学生，就是说这个标准是多元化的，要通过不同的标准来反映学生的发展和成长。

一、诊断性评价、形成性评价和终结性评价

根据评价的功能目的划分，可以把课程与教学评价分为诊断性评价、形成性评价和终结性评价。

（一）诊断性评价

诊断性评价是在课程实施开始之前或者课程实施进展至某一阶段的开始之前，对课程实施过程中可能出现的问题作出评价诊断，以求发现问题所在并且确定下一阶段的任务。诊断性评价的功能是在摸清情况、条件、基础和可能性等前提之下，设法预测问题、发现问题、诊断问题产生的原因，从而为整个课程实施或下一阶段课程实施进行有效的服务。

（二）形成性评价

形成性评价是指在课程开发或者课程实施尚处于发展或者完善过程进行的，为了不断了解活动进行的状况，及时对活动进行调整、提高活动质量而进行的评价。形成性评价的主要目的在于搜集课程开发或各个局部的优缺点，作为进一步修改、完善课程计划的依据。

（三）终结性评价

终结性评价一般是对学生学业表现的最终结果进行的定论性质的评价，主要目的在于评判课程与教学的优劣，并为决策者作出该课程是否值得推广或进一步实施的决策提供信息和依据，往往不具有改进教学和反馈教学过程的作用，常常体现为用学生的课程成绩作为评价依据，如课程的期中考试、期末考试等。显而易见，这种评价的结果在实际操作中往往被简化为学生的测评成绩，具有唯分数论的倾向。

二、自我评价和外部评价

根据评价的主体划分，可以把课程与教学评价分为自我评价和外部评价。

（一）内部自我评价

自我评价是指以课程设计者或者课程实施者作为评价的主体，是组织或群

体对其行为的指导思想、活动过程和结果等方面的评价。自我评价有助于评价者了解课程与教学设计方案的内在理念和技术处理技巧，评价的结果也可以进一步作为方案的修订和完善的依据。

(二)外部他人评价

外部评价是指评价以课程设计者或者课程实施者以外的其他人作为主体而进行的评价。外部评价的实际效果取决于评价对象的参与程度和评价本身的科学性和公正性。外部评价可以为课程实施者提供更宽广的视角和更开阔的评价思路，因而能够取得比较令人信服的评价结论，如高校专业评估中使用的“第三方”评价。

三、量化评价和质性评价

根据评价的方法范式差异，可以把课程与教学评价分为量化评价和质性评价。

(一)量化评价

量化评价是以数字化的方法进行的课程评价，其主要特征是强调采用数理化的统计方式进行评价，注重客观性原则在大学课程评价中的作用，避免绝对性和主观性。此外，普遍化也是量化评价方法的重要原则，这种评价范式主张采用统一的、普遍的课程评价标准对不同评价对象进行评价，强调评价测量的统一和规范。

(二)质性评价

质性评价是通过价值判断的方式，对被评价对象的各种特质进行揭示和描述，以求实现对其被评价对象在深层次上的理解和把握。质性评价相比于定量评价起步较晚，它更加注重评价的整体性、情境性、深层性和差异性，是一种课程评价的重要范式转向，也在一定程度上弥补了量化评价的不足。

需要注意的是，量化评价和质性评价不应割裂在教学评价之中，而是要把两种方法统一于教师“教”与学生“学”的过程中。任何单一的评价方法都不能满足课程与教学评价的需要，定性评价带有主观性，教师若要了解学生对知识的掌握及运用情况，便要在期末的综合考核中运用量化考评的方式。但过于量化的评价，会忽视或抹杀隐藏于教育内部的教育规律性，因此为充分发挥学生的主体性，增强师生互动，就要进行定性评价。总之，唯有综合多种教学评价方法才能达到评价的客观性、科学性和相对的准确性。

四、其他评价方式

随着大学课程与教学评价在大学质量保障中的作用越来越被重视，评价所涉及的要素也愈加多样。因此，一种摆脱单纯意义上的“学业成就”“教学改进”得更加综合化的评价方式也逐渐变得更加流行。综合性评价，顾名思义就是将评价内容定位于学生、教材、教师以及教学环节等多重因子相互作用的功能性集成，而不再是仅仅局限于课程目标、教法，而且包括教育技术、教学环境等诸多因素，其涵盖的范围更广，包含的变量更多。

概言之，学校课程追求的是对人的培养，应注重给学生提供成功的体验，而单纯采用定量评价、终结性评价和绝对性评价都不能有效达成目标。因此，对学生的教学评价不仅注重定量评价，更要重视定性评价；不仅注重终结性评价，更要重视形成性评价，甚至要采用综合性评价的方式。

第三节　大学课程与教学评价的实施原则

在课程改革的背景下，其所倡导的“立足过程，促进发展”的课程评价以及重视评价的激励与改进功能正受到教师的普遍关注。如何真正把握课程评价的精髓，发挥教学评价促进学生发展的功能，引导学生不但求“知”，更要求“法”，不但“好学”，而且“会学”和“学会”，更要“学得有兴趣”，是课程与教学评价体系所要研究的问题。不论是基础教育，还是高等教育，为了合理、准确地进行课程与教学评价，就需要一定的评价原则来指导课程与教学评价的进行，同时为评价提供衡量标准。大学课程与教学评价一般要遵循以下五个原则。

一、方向性与发展性原则

顾名思义，方向性就是评价要有正确的导向，不要盲目地评价学生，一定要有评价的标准和方向。例如，教师对学生的评价不仅有对学业成绩方面的标准，还有对学生的道德品质、合作交流、个性与情感等方面的标准，有了这些方向与标准，才能更加全面地了解学生，然后对自己的教学进行改进，从而促进课程实施与教学质量的提高。大学课程与教学评价缺失了方向性就丧失了课程指导的灵魂，评价本身的独立价值就无从体现。举例而言，大学始终被视为实施“立德树人”的至善之地，这也是大学的根本使命之所在。那么，课程与教学评价就不能忽视其评价体系中的这一重要导向性作用，否则评价的作用就会出现缺位甚至是导向偏离。现实情况来看，大学教学有时过度偏重于纯粹知识的学习，知识本位的课堂教学遮蔽抑或忽略了课程育人的价值。习近平总书记在全国高校思想政治工作会议上强调，立德树人需要构建全员、全程、全课程的育人格局，将各类课程与思想政治理论课同向同行形成协同效应。这对大学课程与教学评价的方向性提出了明确要求。

发展性就是通过评价让学生了解自己的优缺点，明白自己还有哪方面需要改进，从而促进学生的可持续发展。在课程与教学评价持续深入的背景下，愈加重视学习者的中心的地位，基于此种评价原则的评价理念逐步被认可。如最早产生于美国普通基础教育领域后又在高等教育领域推广的形成性评价（Formative Assessment，FA）就是发展性评价的一种典型代表。该评价是指在教学过程中教师为了解学生学习情况而进行的学习效果评价，目的是让教师随时了解学生学习情况，及时给学生反馈或作出教学调整，以促使学生更好地发展。

就其评价特征而言，"在教学过程中进行""为了反馈学生和调整教学""为了促进学生更好地学习"乃是其关键特征。例如，在评价方法上，教师不把书面考试作为唯一的评价手段，而是结合可以反映学生学习情况的定性材料，如学习日记、成长记录、档案袋评价等开放式的质性评价方法，来让学生知道自己的长处与短板，从而不断改进和提高自己，同时教师要坚持不为了评价而评价，把评价与指导实际工作结合起来，为被评价者以后的发展指明方向。

这一原则对学校的教学活动同样重要，通过有方向与发展性的评价活动，可以促进学校把各项工作引导到正确的轨道上，避免误导教师工作和误导学生学习的情况。贯彻这一原则，要满足以下三点：第一，要把促进课程与教学质量的提高和促进学生全面发展作为评价的最高要求。第二，要把课程与教学评价作为课程与教学的具体手段，通过分析评价结果促进学生的学和教师的教。第三，要使课程与教学评价自觉遵循教育教学规律，具有教育性。没有教育性的评价就是空谈。

二、科学性与客观性原则

科学性与客观性原则是为了避免课程与教学评价中的盲目性、随意性、经验主义、科学水平不高等问题而提出的。首先这一原则要求在课程与教学评价中，评价的标准与方法必须是科学合理的。例如，在进行教学评价时，可以利用数据进行定量评价，使用时要从教与学相统一的角度出发，以教学目标体系为依据，确定合理的统一的评价标准，认真编制、预试、修订评价工具，在此基础上，使用先进的测量手段和统计方法，依据科学的评价程序和方法，对获得的各种数据进行严格的处理，而不是依靠经验和直觉进行主观判断。其次，评价的过程与结果应该符合客观实际，实事求是，评价的各环节应符合科学要求并遵循评价活动的客观规律。例如，在组织教师互相评课时，应该及时将课堂教学的结果反馈给被评教师，被评教师就可以根据这些评价调整自己的教学内容、教学策略等，发挥优点，修正错误。

贯彻这一原则，第一，要整体提高课程与教学评价的理论与技术的科学性。第二，可以通过教育工作者学习理论与技术的方式，帮助他们掌握先进的科学的评价理论与技术，提高评价能力。第三，有明确的、具体的评价标准，并保持稳定性。第四，要确保评价过程的严密合理，保证公平公正。第五，要提高评价主体的职业道德修养，减少心理因素与外部因素的干扰。例如，有职业道德的教师不会因为一个学生曾经在课堂上捣乱就主观臆断为坏学生，故意给其不好的评价，他会从客观的角度全方面地评价学生。

在大学课程与评价的科学性和客观性方面，国内高校可以广泛借鉴欧美高校在评价量表方面的成熟经验。美国高校的课程评价在专门化和可靠性方面做出了非常好的表率，他们普遍注重且专门组织请专家来制定专门化评价量表，并进行有效性测验。例如，美国高校联合会（AACU）组织专家就16种通识能力制定了16个专门化评价量表，包括研究与分析、审辨思维、创造性思维、写作、口头交流、阅读、定量素质、信息素养、团队合作、问题解决、公民参与、跨文化知识与能力、伦理推理、终身学习基础、全球化学习、整合性学习等。专业课程公司如皮尔森公司（Pearson）也为自己出版的教科书制定了专门的评价量表，医学、工程等专业领域的课程教学专家也联合起来，建构专门化评价量表，甚至专门化的评价量表制作公司也应运而生。

三、全面性与差异性原则

课程评价要注重全面性和差异性的统一，没有全面性的课程评价就丧失了普遍指导意义，评价的导向性和权威性就无从体现，没有差异性的课程评价则是机械的、呆板的。作为一线教师，在实际的教学评价中应该把握好二者之间的关系，知晓全面性和差异性两个原则在课程评价中的真正所指。

所谓全面性就是评价工作应根据被评对象的真实状况，作出完整、连贯的价值判断。教师在课程与教学评价中，不宜过分突出某一项目的评价，而忽视其他方面，避免出现前后不衔接、顾此失彼甚至相悖的评价现象。比如，对教学质量的评价，就不能片面地以考试分数等为唯一评价指标，要在知识、能力、价值观等方面有全面的覆盖。同时，具体到某一门课程的目标一般不止一个，不同的目标之间会有主次之分，课程评价要对多个课程目标具有较为全面的覆盖。

在评价的差异性原则上要关注学生差异、专业差异和课程差异等个性化因素，确保课程评价能够恰如其分地契合被评价对象，让课程和教学评价指标更加精细和具体。

在这方面，美国一些高校的做法值得我们借鉴。美国大学课程教学质量评价指标体系众多，没有统一标准，而且对不同课程有不同要求，充分反映了美国高等教育的多元文化背景和个性化发展的特征。具代表性的评价指标体系有华盛顿大学的教学评价系统(Instructional Assessment System, IAS)、亚利桑那大学的教师—课程评价(Teacher-Course Evaluation, TCE)、堪萨斯州立大学的教学评估和个体发展系统(Individual Development and Educational Assessment, IDEA)等。华盛顿大学的课程教学评价表按小班教学、大班教学、讨论教学、问题教学、大型讲授为主的课程、实习课、实验课、测验课和远程教学等教学组织形式分有 11 种，每种评价表都有 30 多个评价项目，既有共性指标，也有个性要求。[①] 比如，对小班教学(讲授讨论)重点强调信息传递的清晰性和质量及师生的交互性，对大班重视讲授教学重点。对于那些主要依赖教材和作业的大型讲授课(如数学课)重点评价教师与学生交流的能力和布置作业与阅读的价值；对于实验课的评价主要强调实验指导教师回答学生提出问题和激发学生对实验的兴趣以及帮助学生处理异常问题的能力；远程教学的课程则重点评价教师的反映和支持材料的质量。亚利桑那大学根据不同的教学形式也确定了不同的评价指标体系。这种多样化分类评价的方式，较好地处理了统一要求和个性发展的关系，体现了大学课程教学的多样化要求。

课程评价标准并不是一定要有详细的、量化的评价指标体系，但是需要明确从哪些方面进行评价，在评价过程中注意哪些问题。从某种程度上讲，课程评价标准是需要二次开发的。这样既可以使评价标准体现个性化的特点，也可以具有普遍性的要求。[②] 总之，大学教师及教学评价管理部门在贯彻全面性与一致性原则时，需要在评价标准和具体评价内容上作细致规划，在处理和解释资料时应该综合辩证地进行，不能有遗漏，更要结合所在专业和课程的具体情况进行必要的个性化设计，以确保课程与教学评价的针对性和有效性。

四、可行性与实效性原则

可行性与实效性原则是指评价方案简便易行，评价指标和标准符合实际并能为广大师生所理解和接受。例如，牛津大学各学院的课程评价表中，就会有一些课程是否实现知识点的有序衔接、是否实现有趣的设计、学生是否明白课程内容等通俗易懂并为广大师生所接受的模块化问题，这就体现出评价的简便可行性。评价工作者可以根据被评价对象的真实状况，及时作出有效的反馈，

① 参见季诚钧：《大学课程概论》，上海：上海教育出版社 2007 年版，第 141 页。

② 参见张九洲：《从学科逻辑到实践逻辑：地方本科院校课程发展研究》，昆明：云南大学出版社 2016 年版，第 150 页。

让被评价对象接受并以此改进自己，体现出评价的实效性。

贯彻可行性与实效性原则，首先，要明确评价是为课程与教学服务的，满足与课程设计、课程实施、与教学相关的机构人员的信息需要，使评价获得最有效的利用；其次，要通过各种简便有效的反馈方式，及时、准确地为相关机构和人员提供评价反馈信息；再次，要因时、因地、因人、因事制宜，灵活地选择合适的评价指标与方案。比如，评价报告要能符合评价者的接受水平，供研究用的评价报告可以包括提供有关的数据和公式，供决策用的评价报告可包括若干解释和建议。

五、公平性与宽松性原则

公平性就是指在评价活动中，评价指标的制定要体现公平竞争性，评价结果的解释与处理要体现公正平等。大学生是教学活动的主体，也是教学活动最主要的参与者，因而学生也对教学质量有着天然的发言权，不能轻易地忽视来自任何一位学生的评价。[①] 例如，在教学中不能因为某一学生成绩好就将所有的奖励给他，对于成绩稍差的学生就只给予惩罚，应善于发现每一个学生身上的闪光点，公平合理地给予奖励或给予惩罚，对学生一视同仁。宽松性是指评价过程要注重创设宽松和谐的心理环境，体现人文性关怀。例如，教师可以通过谈话法来了解学生，通过一些幽默放松的话语让学生有一个轻松的心理环境，从而全面了解学生，进而作出有价值的判断。

贯彻这一原则，首先要一视同仁，坚持评价面前人人平等，不夹杂私心，不搞远近亲疏；其次，可以通过创设轻松和谐的环境来消除评价对象的不良心理效应和紧张情绪，减轻心理负担，真正地了解被评价者，从而作出真实有效的价值判断。高校课程与教学的评价需要将公平和宽松作为一种原则上的保障，最终才能让评价实现“有利于教师、学生和学科的发展”，以及“有利于形成不同经验和见解的交流与共存”[②]的基本功能和目标。

“纸上得来终觉浅，得知此事要躬行”，大学教师要善于并积极利用课程与教学评价这一工具。关于课程与教学评价的这五个原则，需要每个教育工作者用行动来证实理论，通过评价促进学生的全面发展，提高教学的质量，真正发挥课程与教学评价的作用。

---

① 参见尹庆民：《经管类人才教育教学实践与探索》，北京：知识产权出版社 2015 年版，第 162 页。

② 顾明远：《中国教育大系——21 世纪初中国教育》，武汉：湖北教育出版社 2015 年版，第 700 页。

第四节　大学课程与教学评价的实务指南

在现实实践中，大学课程与教学评价的具体设计是一个非常耗费脑筋的过程。评价的出发点不同，其在实际评价操作中的侧重点也就不同。本部分拟给有困惑于此的高校教师提供一些必要的借鉴，这样的示范并非是绝对教条式的标杆式要求，更多的是期待借鉴这些示范性的评价要点，进一步结合教师自身的课程理解和课程实际来不断地丰富和改进大学课程与教学评价，最终使之更加完善和科学。①

一、针对课程目标的课程与教学评价的设计要点(示范)

A.课程明确的教学目标是什么？

B.结合现实情况，这些目标是否真正切实可行？

C.所阐述的教学目标在对学生的专业能力和素养的形成上处于什么地位？

D.学生对该课程的学习有什么目标和期望？

E.选择这些教学目标作为课程目标这一行为本身所强调的价值观是什么？

F.这些教学目标与学生期望之间的一致性如何？

……

二、针对课程内容的课程与教学评价的设计要点(示范)

A.课程内容是由知识、能力、情感、态度和价值观等构成的吗？

B.不同的内容环节是如何与教学目标相结合的？它们各自对教学目标的支撑度怎么样？

C.教学内容是如何有序化或结构化的？这样的结构安排是最合适的吗？

D.各个内容环节是如何有机地结合，形成一个统一协调结构的？是否存在条块分割或缺乏统一性的问题？

E.对某部分内容选择的前提假设是什么，这种预设跟课程目标和学情的关联度强吗？

……

① 参见周永凯、田红艳、王文博:《现代大学教学评价理论与实务》，北京：中国轻工业出版社2010年版，第127页。

三、针对教学策略的课程与教学评价的设计要点(示范)

A.在实施教学的过程中组织什么样的活动?如何保证这些活动的有效性?
B.教学材料是如何使用的,其准确性和更新程度如何?
C.教师在课堂教学中的角色是如何定位的?
D.教学策略的选择是基于何种考虑来设计和实施的?
……

四、针对课程组织的课程与教学评价的设计要点(示范)

A.在本门课程中,不同的课程教学形式是如何组织的?
B.根据计划,各门课的上课频率和时间为多少?总体课时分配是否足够?
C.在任课教师不止一位的情况下,教师之间的分工与协作是如何进行的?这种方式有无问题?
D.教师向学生提供了哪些课外辅导?一般是在什么情况下提供?
E.学生在本门课程中的学业负担是否适度?
F.所需的设备仪器和教学材料是否准备到位?

五、针对学习效果的课程与教学评价的设计要点(示范)

A.采用什么工具或过程来收集学生学习成绩的?
B.采用什么标准来评价学生的学习成绩?
C.选择这些标准的依据是什么?
D.哪些教学目标尚未得到有效的评价?
E.这些评价程序是否科学合理?
E.教师如何使用最终的评价结果?
F.教师是否将评价结果公开反馈给学生,并与学生进行交流讨论?
G.教师间以及各个学期的评价标准是否具有一致性或稳定性?
……

当然,需要予以特别说明的是,由于时间、人员和财力的限制,一次评价不可能考察所列的全部问题。[①] 针对不同专业领域以及同一专业领域内的不同课程,课程评价也存在着一定程度的差异。另外,采用的评价方式必须与所列出的问题相配套。尤其是随着教师自身对课程理解的不断深入,课程评价的侧重

① 参见[美]戴尔蒙德:《课程与课程体系的设计和评价实用指南(修订版)》,黄小苹译,杭州:浙江大学出版社2006年版,第203页。

点也会发生动态的调整。上述内容也仅仅是做一种可能性的示范，绝非期望提供课程评价设计方面的完美方案。作为大学课堂中的青年教师在教学生涯的初期不要急于对诸多要素中悉数搞定。毕竟，大学课堂的课程与教学评价本身就是一个专业性比较强的教学研究领域，既需要教育测量与评价方面的知识，又需要教师对专业人才培养的精准把握。大学课程与教学评价是一个耗时费力、专业精深的工作，需要大学教师持之以恒的投入。

第五节　大学课程与教学评价的改革走向

长期以来，我国课堂教学评价常常把教师的“教”作为评价对象，而忽略了以人为本的教育教学思想和学生发展的教育教学的最终目的。评价主体错位、评价功能窄化、评价方法单一等等问题限制了课堂教学的发展。因此，确立新的课堂教学评价体系势在必行。总的来说，系统而科学的课程与教学评价体系尚未形成，课程与教学评价的改革仍在进行。尤其是随着科学技术与经济社会的快速发展，社会对高校人才的培养提出了新的要求，高等学校教育改革的重要性不言而喻，那么大学的课程与教学评价应从何改起，改革的未来方向又在哪儿呢？

一、评价理念从重视结果到重视过程

随着大学课程评价的深入推进，目前对于以过程评价为典型特征的发展性教学评价备受重视。作为初任教职的青年教师要把握大学课程与教学评价的未来趋势。发展性评价是以多元智能理论、成功智力理论和建构主义等理论为基础的。一方面它重视教师个人价值、专业价值的体现，最大限度地发掘教师的潜能，提高教师的职业道德素养，促进教师的长远发展；另一方面在教学中发现和发展学生的潜能，促进全体学生的全面自主发展，提高学生创新精神和实践能力。发展性评价集中体现了“一切为了学生发展”的教育理念，其目的在于提高学习效率，为学习提供动力和源泉。从“选拔适合教育的学生”到“创造促进学生发展的教育”。

传统的教学评价以甄别学生、鉴定学生等级作为目标，强调评价的选拔功能，大多重视评价的结果而忽略了评价的过程。教学中常以各种测验作为评价工具，甚至大多数教师观念中的评价就是考试，学生学习活动及复杂的思维活动最终被量化为僵硬的数据，这使得对学习过程的考察被忽视和省略。要建立促进学生全面发展的评价体系，发挥评价促进学生发展、教师提高和改进教学实践的功能，应该不仅仅关注结果，评价过程也具有重要的教育意义。

由于传统课程的教学评价只报告结果，不报告过程，具体体现在对学生的教学评价中缺乏学生平时成绩的评价，一切以最终的期末卷面成绩为准，从而导致学生不重视平时成绩和教学过程，学到的知识有限，也不能学以致用。在大学的课程与教学中，注重平时成绩与期末考试相结合，引导学生必须要平时、期末两头抓。

总之，随着我国高校课程与教学改革理念的深入推进，重视过程性与发展性评价，是当前课程与教学评价改革的一个发展方向。从发展的角度去判断高校课程与教学活动效果，了解课程在大学生创造性生成方面的发展，进而实现对课程与教学问题的及时动态调整，实现真正意义上的"向课程评价要课程质量"的评价初衷。

二、评价主体由一元化向多元化发展

在评价主体上，强调主体多元化和评价信息的多源化，重视自评、互评的作用。一般而言，大学课程与教学评价主体主要涉及学生、同事、督导、领导、教师自身和用人单位、学生家长等，我国多数高校以学生评教和督导听课为教师教学评价的主要方式。课程与教学评价的主体不再是单一的学校管理者，丰富了评价信息的来源，从而使得评价结果更加全面、真实。学生评价和教师自评是充分发挥课程与教学评价有效性的关键。

一是学生评价。在"以学生为中心"的课程与教学理念下，大学的教学目标之一乃是培养学生的自主学习能力，这就需要更多地关注教学过程中的学生主体感受和实际获得感。通过来自作为课程学习核心主体的学生评价，能够让大学教师快速且直接地获得学生在学习过程中的信息，如个体学习心理、个体学习体验、个体学习需求和未来课程预期等。这些信息反馈有利于激发教师总结反思、改进课程设计、教学方法和组织形式，对学生进行针对性指导，提高教学质量。

二是教师评价。评价是价值主体对价值客体的价值判断活动。在教学中，就价值主体而言，既包含对价值客体的评价，也包括对价值主体自身的判断。在有效教学的评价中，既要重视评价者的评价，更要重视受评人的积极参与及其自我评价的地位和作用。教师自评被视为课程教学评价的重要内容，通过自我实践和自我反思达到有效的课程教学提升。

评价既要发挥出教师的主导作用，更要注重学生在评价中的主体作用。同时，不能忽视小组评价的借鉴作用。因此，要让评价发挥出它的多重功能，评价的主体要多元化。有评价研究者就一直呼吁要强化学生在大学课程评价中的地位，避免学生在教学评价中的角色缺位。这种呼吁的确应该引起足够的重视，而且在以学生为中心的理念驱动下，学生也的确在当前大学的课程与教学评价中获得了一席之地，课程与教学评价的对象也逐渐走向了多元化的趋势。在大学课程评价的多元化上，有学者提出了“四元评价模式”①，分别从专家、学生、同行、领导四个渠道采集评价数据，分别按照专家25%、同行15%、学生50%、领导10%进行权重设计，并经实践检验后取得了较好的效果，基本能反映课程教学的实际。

这里值得注意的是，在探讨学生的评价作用时往往需要加以理性地认识——学生究竟在大学的课程与教学评价中发挥着什么样的作用？有人就尖锐地指出：学生对教学的看法并不一定能真正反映好的教学，而且往往被偏见所蒙蔽，并不应该在学校的教学决策中被采纳。多元化发展带来的这种争议也同样在国外大学出现，如滑铁卢大学心理学系的米歇尔博士就给出了自己对学校评价体系的批评意见，意见认为学生评估的唯一作用是帮助教师更好地设计或评估教学任务和课程材料，并给学生一个机会来反思他们的学习方式。如果评价初衷有所背离，将可能导致教师的薪资待遇与实际的课程改进上出现重大偏差。这份意见还同样得到了其所在的心理学系近20名教职员工共同响应。这说明对学生评价的重要性毋庸置疑，但这一评价的权重大小和使用去向尚需要理性对待。当然，从评价的科学化出发，唯有包括教师和学生在内的多元评价主体才能实现促进发展的评价目的，这也是大学课程评价多元化的最根本的价值落点。

三、评价方法由单一变得综合多样

作为大学教师，我们可以想一下：过去大学中的课程与教学评价方法都有哪些呢？可能绝大多数人能够想到的就是考试。那么，以“考试”为评价手段的大学教学评价到底在多大程度上发挥了应有的评价功能呢？这种评价又有多少值得推崇和继续使用的必要呢？在愈加注重能力培养的高校人才培养理念下，这种评价是否需要变革？如果面向未来的课堂教学评价仍旧停留在对课堂活动的浅层判断上，教师仅仅关注教学计划是否完成，传授的知识是否按照既定的教学进度被机械地完成，学生学习的兴趣、效果以及能力的成长也就无从谈起。

对于学生的评价不应只关注成绩和学生现有的知识水平，学生兴趣、爱好和学习动机都应成为评价的对象，通过多元评价发现学生多方面的潜能，促进学生不断发展。对教师评价也应是多元的，包括对教师教学水平、教学技能和

① 蓝江桥：《中美大学课程教学质量评价比较》，北京：蓝天出版社2005年版，第54页。

教学准备情况的评价。课程内容方面则通过专家分析、调查、课堂观察和学生学习效果的检验，综合对课程教学内容进行评价。不能仅以一次考试来判断教师教的好坏和学生学的好坏，只注重成绩，而忽略了其他方面。

在课程评价中使用任何一种单一的评价方法都是不全面的。这要求评价方式综合多样，将量化评价与质性评价方法相结合，适应综合评价的需要，丰富评价的方法，增加如成长记录袋、学习日记、情景测验、行为观察和开放性考试等评定方法。使用反映学生全面发展的综合学习报告单作为衡量评价工具取代成绩单，促使教师、学生、家长乃至学校教育管理者的评价观念提升和转变，了解学生在课程与教学中完整而真实的表现，追求评价的科学性、时效性和可操作性。

四、积极对接专业认证的理念

目前，专业认证是高校专业建设提升的重要外部动力，借助专业认证的推动，高校课程评价模式需要进行进一步革新。由于专业产出导向教育(Outcomes-Based Education，OBE)是专业认证的核心理念，OBE 理念特别强调学生学到了什么而不是教师教了些什么，强调教学过程的输出成效而不是输入成效，强调探究型教学模式而不是灌输型教学模式，强调个性化教学而不是集体“一刀切”教学。个性化教学要求教师准确把握每个学生的学习轨迹，及时把握每个人的目标、基础和进程。按照不同的要求，制定不同的教学方案，提供不同的学习机会。[1] 专业认证的学习成果取向的评价意味着在课程与教学评价中，需要将学生的学习进程划分成不同的阶段，并确定出每阶段的学习目标，这些学习目标是从初级到高级，最终达成顶峰成果。这也将意味着，具有不同学习能力的学生将用不同时间、通过不同途径和方式，完成学习目标。

专业认证要求的教学评价要更多地聚焦在学习成果上，而不是在教学内容以及学习时间、学习方式上。要求采用多元和梯次的评价标准，强调达成学习成果的内涵和个人的学习进步，不强调学生之间的比较。根据每个学生能达到教育要求的程度，赋予从不熟练到优秀不同的评定等级，通过对学生学习状态的明确掌握，为学校和教师改进教学提供参考。

五、评价功能从管理本位转向教育本位

大学课程与教学的评价在以往中都扮演着什么样的角色？很多大学教师可能会认为课程和教学评价并不是教师的事情，而是教务处或教师发展中心等

① 参见李中国、黎兴成：《职业教育扶贫机制优化研究》，《国家教育行政学院学报》2017 年第 12 期。

管理部门的事情，作为教师的我们只需要知晓评价的结果以及对于我们的有什么影响即可。学校教学管理部门也可能会觉得评价是为教学管理服务的，评价是一种管理赋权和管理手段。这些存在的问题说明大学课程与教学的评价亟须回归初心即转向教育本位。具体而言，转向教育本位的大学课程与教学评价需要处理好两种关系。

其一，强调大学课程与教学中的增值评价。我们的大学课程与教学是立德树人的主阵地、主战场，除了知识的传授，更有育人的使命。大学的人才培养不能窄化和固守在专业领域，甚至于沦为职业教育。对此，大学课程与教学评价要从增值评价出发，强化培养全人类的理念，让更好的课程与教学走向开放协同。国外高校在这方面的做法颇有借鉴之处。以日本技术科学大学为例，由于该校是以工科教育见长，他们特别强调课程与教学是否实现了工科人才所具有的知识、能力和素养。比如，他们在评价中注重课程和教学是否实现了“在跨学科团队中发挥作用的能力”“发现工科的各种问题，并定型化进行解析的能力”“有效沟通的能力”等十项通用能力，并积极通过各种方式进行这种评价理念的引导。

其二，课程与教学评价的教育转向还应体现在“弘扬”而非“惩治”。以往以管理为本位的评价恰恰更多地偏向了后者，评价不好的教师在奖金绩效上受影响，在职称晋升上受影响，在评先树优上受影响。这些都在表明评价的功能更多地展示了惩治意味，而没有起到弘扬的意味，丧失了教育乃至教化的意蕴。中共中央、国务院于2020年10月份印发的《深化新时代教育评价改革总体方案》指出，教育评价事关教育发展方向，有什么样的评价指挥棒，就有什么样的办学导向。具体到大学课程与教学评价亦是如此，有什么样的评价理念和导向就有什么样的大学课程与教学质量。

概而言之，大学课程与教学的评价既是教学管理的有效抓手，也是高校教室尤其是高校青年教师教学改进的提升路径，更是未来大学课堂“金课”打造的重要着力点。面向未来，大学课程与教学评价的有效实施策略能够最大化地释放课程与教学评价的效能，成就更多的高校“金课堂”。

思考与练习

一、简答题

1.如何理解和科学把握课程与教学评价的内涵？

2.结合您所教授的某一门课程，分别就课程评价的不同侧重点设计课程评价的问题，并尝试性地予以回答。

3.谈一下发展性评价的内涵及其优势。

4.如何看待学生在大学课程与教学评价中的作用？

5.结合您所教授的专业，谈谈基于专业认证理念的大学课程评价应如何改革。

6.如何推进大学课程与教学评价的差异化？

二、材料分析题

近年来，国家日益重视高校课堂评价、质量监控的作用。2016 年，教育部《关于深化高校教师考核评价制度改革的指导意见》强调高校应实行督导评价等多种形式相结合的教学质量综合评价；2018 年，教育部《关于加快建设高水平本科教育全面提高人才培养能力的意见》中指出，应强化质量评价保障机制，形成人才培养质量持续改进机制。在此背景下，M 大学研制了课堂教学质量评价标准(见下图)，用以指导教师的课堂教学实践。[①] 请思考并回答：这一质量标准体现了哪些课程与教学评价理念？如何实施这一评价标准？

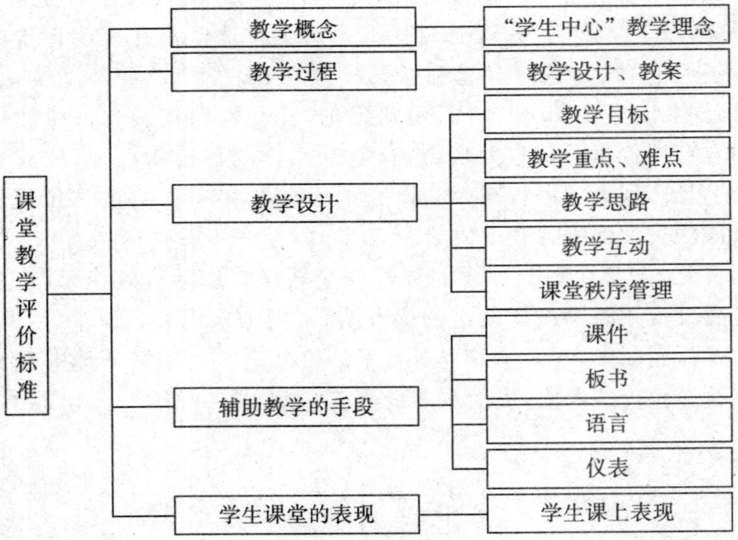

M 大学教学质量评价标准

① 参见吴军：《高校课堂教学评价标准研制与实施的案例分析——以 M 大学为例》，《高教论坛》2020 年第 1 期。

第八章　教学媒体与信息化教学环境

学习目标

1.理解教学媒体的分类和特征，掌握选择教学媒体的依据和原则。
2.理解现代教学媒体的特点和作用，熟悉常用的现代教学媒体。
3.掌握信息化教学环境的基本特征，熟悉常用的信息化教学环境。

随着科学技术的发展，现代教学媒体和技术在课堂教学中得到越来越广泛的运用，优化了传递和呈现信息的手段和方法，使教学获得了更好的效果。多媒体计算机和网络技术的发展，也为信息化教学环境的创设提供了物质基础，推动了教育信息化的发展。本章对教学媒体、现代教学媒体以及信息化教学环境做了详细介绍，并列举了常用的现代教学媒体和信息化教学环境。

案例 8-1　疫情期间利用现代教学媒体开展在线教学

春季开学前一周，小李接到了学院的紧急通知，因疫情原因学生们要推迟返校，要求教师们利用现代教学媒体和信息化教学环境开展在线教学，确保教学质量。小李看到这个通知后心里有点慌，因为他之前虽然也使用过学校校园网上的教学平台，但也仅限于上传一下教学大纲、教学日历、学习要求、课外作业等等，如果完全在线教学，心中还真没个底。小李急忙问了一下同事，大家都在议论纷纷。

教师 A：现代教学媒体不就是“投影仪＋白板”吗？难不成我还要去学校多媒体教室录课？

教师 B：有哪些现代教学媒体？哪些可以用来进行在线教学啊？

教师C:信息化教学环境?这么高大上!不就是微信直播吗?还有什么?

当传统的教学方式与手段无法适应现代社会的需求时,教学媒体与信息化教学环境的重要性便凸显出来。什么是媒体,什么是教学媒体,什么是信息化教学环境,对于这些概念的了解,将有助于我们更好地跟上教育信息化的步伐。

第一节　教学媒体概述

人类原始的教育活动是凭借自己的身体器官进行的。人的感官,如口、耳是主要的教育工具;教育者的口述和受教育者的耳闻等教育信息在教育双方之间传播;有时教育者还通过展示实物或模型帮助口述,使受教育者易于理解或进行模仿。语言的产生,文字体系的形成,造纸和印刷术的发明,为教育事业的发展创造了极其有利的条件。语言和记录语言的文字符号相结合,成为交流思想和传播社会经验的主要工具。专为教育目的编印的教科书更使"书写—阅读"成为与"口耳相传"同样重要的教育途径,使教学信息的来源大大扩展,从而打破了教育非得由师生面对面进行不可的局面。

一、教学媒体含义及分类

(一)教学媒体的含义

1.媒体与教学媒体

媒体是英文"Media"的译名,是指承载、加工和传递信息的介质或工具。广义的媒体是实现信息从信源到信宿的一切手段,包括书本、图片、电影、电视、计算机、网络、通信卫星等。加拿大著名学者马歇尔·麦克卢汉(Marshall McLuhan)提出了"媒体是人体的延伸"的著名论点,如印刷品是人眼的延伸、无线电是人耳的延伸、电视则是人耳和眼睛的同时延伸等,这实质上表明了各种媒体对受众的感官刺激是不同的。当某一媒体被用于教学目的,作为承载教育信息的工具时,则被称为教学媒体。例如,通常视为休闲、娱乐的电影,只要赋予其明确的教学目的、内容和对象,就称为教学电影,亦称为教学媒体。媒体成为教学媒体要具备两个基本要素:用于储存与传递以教学为目的的信息;用于支持教与学的活动。

2.多媒体、超媒体与流媒体

多媒体一词来自"Multimedia",通常指多媒体信息和多媒体技术。所谓多媒体信息是指集数据、文字、图形与图像为一体的综合媒体信息，而多媒体技术则是指计算机综合处理多种媒体信息——文本、图形、图像、声音、视频等，使多种信息建立逻辑连接，集成为一个具有交互性的系统。集成型、交互性和控制性是多媒体技术的三个最基本的特征。超文本主要是以文字的形式表示信息，建立的链接关系主要是文句之间的链接关系。超媒体则除了使用文本外，还使用图形、图像、声音、动画或影视片段等多种媒体来表示信息，建立的链接关系是文本、图形、图像、声音、动画和影视片段等媒体之间的链接关系。因此，通常认为“超媒体＝多媒体＋超文本”。流媒体是采用流式传输的方式在线播放的媒体格式，如音频、视频或多媒体文件。流媒体格式的文件在播放前并不需要完整下载，播放时自动将开始部分数据流存入内存，其后则随时下载随时播放。

（二）教学媒体的分类

按不同标准，教学媒体可以分为多种类型：按印刷与否，可分为印刷媒体和非印刷媒体；按媒体使用时用“电”与否，可分为传统教学媒体和现代教学媒体；按信息传播的方向，可分为单向传播媒体和双向传播媒体；按传递信息与现实事物的关系，可分为实物型媒体、模拟型媒体和符号型媒体；按适应教学组织形式的需要，可分为教学辅助媒体（如投影仪、幻灯机）和学生自学媒体（如电视、程序教学机器、网络课程和网络教学材料）；按媒体的物理特性，可分为电声媒体、光学投影媒体、电视媒体、计算机媒体；按媒体对受众感官的刺激性及交互性，可分为视觉媒体、听觉媒体、视听媒体、交互媒体和多媒体系统。教学媒体的分类见表 8-1。

表 8-1　　教学媒体的分类

分类依据	媒体名称	教学媒体举例
信息传播的方向	单向传播媒体	教科书、电影、广播、电视、录音、录像等
	双向传播媒体	计算机、语言实验室、计算机网络教室、微格教室等
媒体对受众感官的刺激及交互性	视觉媒体	粉笔、黑板、印刷品、图片、幻灯、投影等
	听觉媒体	广播、录音、听力实验室、唱片等
	视听觉媒体	电影、电视、录像、激光影碟等
	交互媒体	教学模拟机、教学游戏机、双向有线电视等
	多媒体系统	多媒体学习包、多媒体计算机、多媒体远程教学系统等
适应教学组织形式的需要	课堂展示媒体	投影、录像、黑板等
	个别化学习媒体	印刷品、录音带等
	小组教学媒体	图片、投影、白板等

二、教学媒体的本质

关于教学媒体本质的探讨，不同的学者也有各自不同的观点：

加拿大学者马歇尔·麦克卢汉(Marshall McLuhan)1964年在他的专著《媒体通讯：人体的延伸》中提出："媒介就是信息。"他认为媒体传递的真正"信息"是它对接受者的刺激，而不是传递的内容；"媒体是人的延伸"，面对面的交流是五官的延伸，印刷品是人眼的延伸，无线电广播是人耳朵的延伸，电视则是耳朵和眼睛的同时延伸；媒体有"冷""热"之分。所谓热媒体，就是能够"高清晰度"地延伸人体某个感官的媒体。例如，就视觉而言，照片是热媒体，因为照片是高清晰度的；漫画是冷媒体，因为它提供的视觉信息很少。从听觉来讲，电话是冷媒体，广播是热媒体。麦克卢汉被公认为媒介理论的代表人物，他的观点给人以灵感和启发。

美国学者克拉克(R.E.Clark)在《媒体学习的重新考察研究》(1983)中收集和分析了大量实验室控制下对不同媒体的教学效果进行的比较试验，指出："所有的证据是一致的，可以概括成这样一条原理：使用任何一种专门的媒体来传播教学都不能因此产生特别的学习效果。"①"各种媒体仅仅是传递教学的媒介物而已，就如同用不同的车辆都能运载食品，但并不能改变食品的营养结构，不同的媒体也不能对学生的学习成果产生更大的影响。"②

英国学者安东尼·贝茨(Anthony Bates)认为，媒体一般是灵活、可替换的。就是说，只要有足够的想象力、时间和资源，通过某一媒体达到的教育目标，通常是可以通过任何另一种媒体来实现；每种媒体都有其内在的规律，即有一套充分发挥其功能的固有法则。换句话说，可以采取正确的方式使用一种媒体，使其达到最优的效果，并不存在某种"超级媒体"，所有媒体都有其长处和短处，而且一种媒体的长处往往正好是另一种媒体的短处，对于某些具体的教学目标来说，还是存在某种媒体，其教学效果明显优于其他媒体。

美国教育心理学家杰罗姆·布鲁纳(Jerome Seymour Bruner)认为，媒体在传授知识方面的功能是相近的，几乎毫无差别，而在发展技能方面则是独特的，各个不同。如果讲授事实，用电视、广播、印刷材料、面授都行，都容易达到目标；如果要发展技能，那么，对于发展某一方面的技能，总会有一种相应的媒体

---

① 徐福荫、李运林、胡小勇：《教学媒体得理论与实践》，北京：北京师范大学出版社2003年版，第48页。

② 徐福荫、李运林、胡小勇：《教学媒体得理论与实践》，北京：北京师范大学出版社2003年版，第48页。

比其他媒体更合适，更有效。

美国视听教育家戴尔在《视听教学法》(1946)一书中提出了"经验之塔"(cone of experience)理论，认为经验有的是以直接方式、有的是以间接方式得来的。教育教学应从具体经验下手，逐步升到抽象。在学校中，应用各种教学媒体，可以使学习更为具体，从而形成更好的抽象。位于塔中层的视听媒体，较语言、视觉符号更能为学生提供具体和易于理解的经验，并能冲破时空的限制，弥补其他直接经验方式之不足。参见图 8-1。

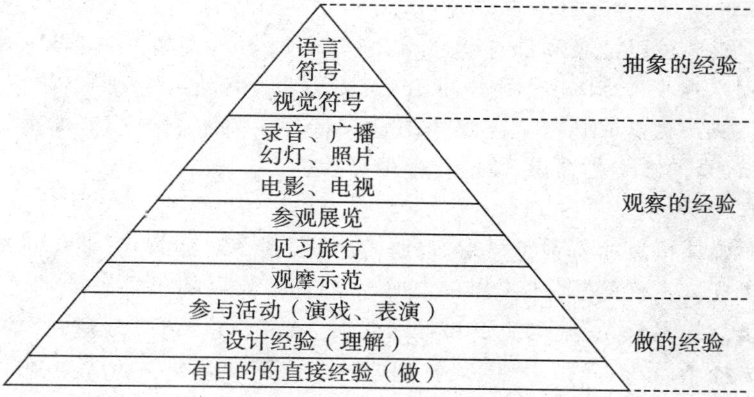

图 8-1 经验之塔

三、教学媒体的发展

教学媒体的发展历经了语言媒体阶段、文字媒体阶段、印刷媒体阶段和电子传播媒体阶段。

(一)语言媒体阶段

语言的产生标志着人类在交流方面，特别是在记忆和传递知识及表达较复杂的概念的能力有了巨大的提高，这时随着部落的发展，出现了具有专职教师的教育方式，这是教育史上的第一次革命。

(二)文字媒体阶段

文字和纸的发明开创了人类信息传播的新篇章。文字媒体可以将信息长久保存并广泛流传，从而引发了教育史上的第二次革命。

(三)印刷媒体阶段

1041～1048 年，我国宋代的毕昇发明了活字印刷术，印刷媒体得以出现。印刷媒体引进教育领域，教科书成为学校教育的重要媒体，引起教学方式及教学规模的又一次重大变革，促成了教育史上的第三次革命。

(四)电子传播媒体阶段

19世纪以来,以电子技术新成果为主发展起来的新传播媒体,人们称之为"电子传播媒体"。电子传播媒体的产生大大增进了人类的信息传播能力和效率,扩大了教学规模,产生了教育史上的第四次革命。

四、教学媒体的特性

(一)教学媒体的共同特性

1.固定性

教学媒体可以记录和储存信息,以供需要时再现。如:印刷媒体直接将文字符号固定在书本上;电子媒体将语言、文字、图像转换成声、光、磁信号,固定在胶片、磁带、磁盘或光盘上。媒体的这一特性使前辈们能够把丰富的实践经验逐渐积累,把宝贵的知识、技能传授给后代。

2.扩散性

教学媒体可以将各种符号形态的信息传送到一定的距离,使信息在扩大的范围内再现。古代的"秀才不出门,便知天下事"依靠的就是媒体的这一特性。在电子信息技术长足进步的20世纪后半叶,麦克卢汉提出"地球村"的概念,也就不足为怪了。

3.重复性

教学媒体可以重复使用。如果保存得好,这些媒体可以根据需要一次次地被使用,而其显示信息的质和量稳定不变。另外,还可以生成许多复制品,在不同的地点同时使用。这种重复使用的特性满足了学生逐渐领会、重温记忆的需要,也满足了扩大受益面的需要。

4.组合性

若干种教学媒体能够组合使用。这种组合可以是在某一教学活动中,几种媒体适当编制、轮流使用或同时呈示各自的信息;也可以把各种媒体的功能结合起来,组成多媒体系统,如声画同步幻灯、交互视频系统等。组合性还指一种媒体包含的信息可以借助另一种媒体来传递,如图片、模型等可以通过电影、录像等媒体呈现在屏幕上,多媒体计算机更是集中地反映了这一特点。

5.工具性

媒体与人相比处于从属的地位,即使功能先进的现代化媒体,它还是由人所创造,受人所操纵的。媒体只能扩展或代替人的部分作用,而且适用的教学媒体还需要教师和设计人员去精心编制或置备。正如事实已经证明的,即使具有某种智能的计算机辅助教学,也不会使教师失业,而只是促进了教学设计者对于人机功能合理分配的思考。

6.能动性

教学媒体在特定的时空条件下，可以离开人的活动独立起作用。比如，优秀的录像教材或计算机辅助教学课件的确可以代替教师上课。精心编制的教学媒体一般都比较符合教学设计原理，采用的是最佳教学方案，尤其是由经验丰富的教师参与设计、编制的教学媒体，较之缺乏教学经验的年轻教师来说，教学效果会更好。

（二）教学媒体的个别特性

1.表现性

表现性也称为表现力，指教学媒体表现事物的空间、时间和运动特征的能力。例如，言语、文字材料以时间因素组织信息，它们的表现形式受到时间先后顺序的影响，借助语义、语调及音响的抑扬顿挫、轻重缓急来表现事物的特征。电影、录像能够以活动的图像呈现正在变化中的过程和动向，采用接近于实物的形态，逼真地表现事物的运动方式、相对关系及状态变化；又能够借助低速和高速摄影技术，调节事物和现象所包含的时间因素；还能够通过镜头的选择，从各个角度表现事物的形状、方位、距离等空间特征。幻灯和图片在表现事物的空间特征方面类似影视，而且因为它们是以静止方式反映事物的瞬息特征，所以便于学生观察。

2.重现性

重现性也称为重现力，指教学媒体不受时间、空间限制，把储存的信息内容重新再现的能力。比如，教科书是最便于重现的媒体，无线电广播和电视是受时间性限制的媒体。但自从出现了录音和录像之后，这种限制已被打破，并以其生动形象而令言语、文字望尘莫及，但言语在重现信息时的调控能力又是独一无二的。

3.接触性

接触性又称为接触面，指教学媒体把信息同时传递到学生的范围。例如，电视和无线电广播的接触面最广，能跨越空间限制，到达无数学生的耳目边，板书、幻灯、录像的接触面只能限制在一定空间范围如教室内，而且还受环境条件限制。

4.参与性

参与性指教学媒体在发挥作用时学生参与活动的机会。模型、录音、录像、计算机等媒体提供学生自己动手操作的可能，使学生可能随时中断使用而进行提问、思考、讨论等其他学习活动，行为参与的机会较多；电影、电视、无线电广播、多媒体计算机等媒体有较强的感染力，刺激学生的情绪反应较为强烈，容易诱发学生在感情上的参与。

5.受控性

受控性指教学媒体接受使用者操纵的难易程度。言语、板书、教科书当然由教师自主使用;录音机、幻灯机、录像机、VCD 机也较容易操作和控制;电影放映机和计算机需接受一定的训练;无线电和电视的播出则掌握在专门机构手中,学校教师无法支配它们的内容和时机。

五、教学媒体的功能

(一)传递信息

媒体是因为传播的需要而产生和发展的。信息传播方通过媒体向信息接收方呈现信息,信息接收方通过媒体来获取、接收和反馈信息。

(二)存储信息

为了更有效地利用信息,经常需要将信息存储起来,媒体具有存储信息的功能,如教育信息以文字、图像或声音等形式存储起来。

(三)控制过程

信息的传播是一个参与传播的诸要素共同活动的过程,这个过程的进行状况对传播的效果直接产生影响,需要加以有效的控制,通过媒体可以完成这个控制。

此外,教学媒体还具有集成功能、再现功能、交互功能等诸多功能,如善加利用,可大大方便我们的教学。

六、选择教学媒体的依据和原则

(一)选择教学媒体的依据

1.依据教学目标

每个知识点都有具体的教学目标,为达到不同的教学目标常需要使用不同的媒体去传递教学信息。

2.依据教学内容

各门学科的性质不同,适用的教学媒体会有所区别。同一学科内容各章节内容不同,对教学媒体的使用也有不同要求。

3.依据教学对象

不同年龄阶段的学生对事物的接受能力不一样,选用教学媒体时必须顾及他们的年龄特征。

4.依据教学条件

教学中能否选用某种媒体,还要看当时当地的具体条件,其中包括资源状况、经济能力、师生技能、使用环境、管理水平等因素。

(二)选择教学媒体的原则

1.最优决策原则

美国传播学家施拉姆(Wilber Schramm)提出的决定媒体选择几率的公式，是选择媒体的最优决策的依据。该公式为：

媒体选择的几率(P)＝媒体的功效(V)/需付出的代价(C)

2.有效信息原则

从戴尔的"经验之塔"可以看出，各种教学媒体所体现的学习经验层次是不同的。有的属于具体的经验，有的属于替代的经验、间接的经验，有的则属于抽象的经验。因而，不同的教学内容应选择不同的教学媒体来体现。或者说，不同的教学媒体适合表现不同的教学内容。

学生的认知结构是逐步形成的，它不但与年龄有关，更与他们的知识、经验、思维的发展程度有关。因此，只有当所选择的教学媒体所反映的信息与学生的认知结构以及教学内容有一定的重叠时，教学媒体才能有效发挥作用。如图 8-2 所示。

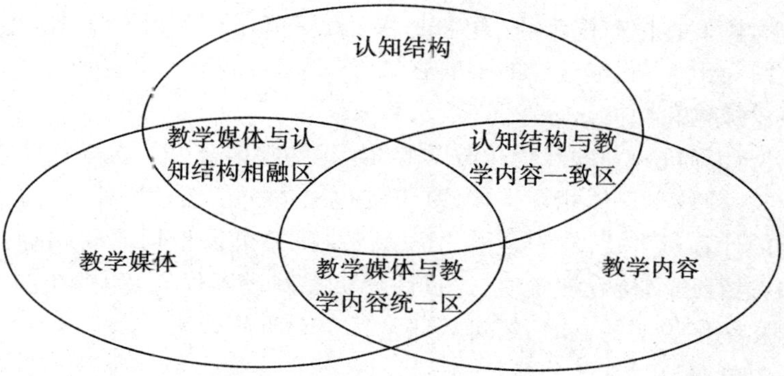

图 8-2　认知结构、教学媒体、教学内容重叠图

3.优化组合原则

各种教学媒体都有各自的优点，也有各自的局限性，没有一种可以适合所有教学情况的"超级媒体"。各种教学媒体的有机组合将会扬长避短、优势互补，取得整体优化的教学效果。但是，媒体的组合要以取得最佳的教学效果为出发点，而不只是形式上的相加。

第二节　现代教学媒体

按媒体使用时用"电"与否，可分为传统教学媒体和现代教学媒体。第二次工业革命将世界由蒸汽时代推进到了电气时代，像幻灯机、电影机、录音机等电动媒体如雨后春笋般涌现出来。这些电动媒体应用到教育领域，实现了教学媒体的跨越式发展。不同历史时间，“现代”的含义也有所不同。目前，现代教学媒体是指在计算机技术和现代通信技术支撑体系下出现的新型教学媒体形态。

一、现代教学媒体的含义及特点

现代教学媒体是相对于传统教学媒体而言的。传统教学媒体有语言、文字、印刷材料、图片、黑板、模型和实物等，这些媒体使用方便，历史悠久，是传递教学信息的重要媒体，在未来的教育教学活动中，仍将是不可或缺的工具。现代教学媒体主要指当前广泛应用于教育教学的各种计算机与通信技术设备，如多媒体计算机、互联网、数学电视、交互式电子白板、触控一体机、电子书包、数字课本等。它们以信息技术为基础，具有以下主要特点：

（一）信息容量大

随着信息数字化和数字压缩技术的发展，现代数字媒体的信息容量越来越大。例如，目前很多人使用的只读光盘的容量一般是 4.7G 字节，如果一本书有 50 万字（每个汉字占 2 字节，50 万字占 100 万字节，即 1M 字节），那么一张光盘的容量就约等于 4700 本这样的书的容量（1G 字节约等于 1000M 字节）。

（二）多媒体化

以微型计算机为主的现代化教学媒体，不仅能集合以往教学媒体的视听功能，还能与各种教学媒体相互连接，赋予其他媒体交互性。例如，微型计算机与电视结合的计算机电视，既可以接收现场节目，又可以根据需要储存并分解演示。又如，进行语文诗歌教学时，通过计算机控制投影仪和音响，在观看清晰的演示图像和文字说明的同时，还可以欣赏优美动听的音乐。

（三）智能化

以往的教学媒体虽然能使教学内容变得比较生动、具体，但不能根据学生的学习情况作出反应，教师只能单向进行信息的传递，学生仍十分被动。以信息技术为基础的各种教学媒体则可以部分地代替教师的作用。例如，计算机能与学生进行教学“对话”，直接呈现教学内容，回答并提出问题或进行学习咨询，实现教学的双向互动。此外，计算机还可以根据程序管理教学，监督和评价学生的学习效果。

（四）虚拟化

计算机能模拟真实的生活情境，为学习者提供虚拟环境，通过模拟练习，获得在现实情况下无法或不能获得的感性经验和真实体验，训练学生的一些技能。例如，利用计算机模拟技术，可以把一个充满生命力的心脏搬上计算机屏幕，生物解剖的学习者就能一次一次地练习切割而不必感到害怕。

（五）网络化

首先是校园网络化，一所学校的全部课程与教学信息完全数字化并进入网络，供全校师生自由而充分地共享。其次是建立全国性或全球性的多媒体教育网络和课程与教学网络，为学习者提供新的教学“场所”，例如，一个非洲的学生可以到一个中国的网上学校注册入学，坐在非洲的家里接受中国教师的教学。通过计算机网络，可以更广泛地利用各种信息资料，真正实现全球信息资源共享。

二、现代教学媒体的作用

（一）教学信息标准化

过去因教师或地域文化发展水平的不同，造成了信息传递质与量上的差异，而现在不同区域学生能够通过教学媒体获得相同的教学信息，为其进一步学习和发展打下相同或相似的基础，实现区域教育均衡化和教育信息的标准化。

（二）教学内容具体化

现代教学媒体主要用视觉、听觉材料等直观地呈现教学信息，使教学内容的抽象意义更加明确，使抽象事物的概念更加清楚，防止了过分重视讲述形式的教学。

（三）教学活动趣味化

现代教学媒体通过特技效果、艺术手法及交互性的运用，为学生提供了丰富的感知，同时新颖多变的学习形式能激发学生的好奇心和求知欲，提高了学习的趣味性。

（四）教学过程合理化

现代教学媒体为学习者创设优化的学习环境，使教学过程更加合理，使教学在希望或需要的时空进行，有利于缩短时间，提高效率，使学生牢固掌握知识。

（五）教学效果最优化

现代教学媒体应用在教学设计中，可以使已有的教学原则、认知规律、学与教的经验和理论最大限度地贯彻其中，从而使学与教获得最佳效果。

三、常用的现代教学媒体

（一）交互式电子白板

交互式电子白板具备和超越传统白板的所有功能，包括随意书写、画图、批注重点，并且可以使用或编辑丰富多彩的电子课件。它是一台高科技的电子教学设备，是以计算机技术为基础，集软硬件系统、资源共享系统为一体的平台，整合了电子、感应、信息、网络技术等，将传统的黑板和现代多媒体技术有效地结合在一起，可直接在白板上进行计算机操作。在课堂应用中只需计算机、投影机、交互式电子白板和相应软件，便可以将传统的黑板、投影仪、计算机整合，构成完整的多媒体教学平台。交互式电子白板在教学行业中得到了广泛的应用，是现代化课堂的教学设备，是建设智慧校园的重中之重。

交互式电子白板主要功能如下：

一是立体学习。学生可以通过交互式电子白板的数字电子技术，把抽象的学习内容以可视化的形态呈现出来。教师和其他同学可以对某一位同学的学习效果有一个立体的直观印象而不是仅仅局限于单一的应试层面上的理解。教师还可以随意对投射到白板上的任何画面进行注释讲解，用书写笔实现在白板上的无痕书写与图画，书写笔可以任意选择颜色，调节粗细和透明度，不用直尺、三角板、圆规等工具就可以轻松画出各种漂亮的图形。交互式电子白板的这一功能就是对传统的“黑板＋粉笔”的教学模式的重大改进，轻松实现现代化教学。

二是远程操作。教师只要在白板编就可用电子白板所配备的书写笔，就可在白板上操作计算机，用笔自由书写，配合板擦随便涂改，轻松实现在白板上书写、在电子文档上标注、在白板上远距离操作计算机等功能，摆脱了鼠标对教师行动的制约。同时，学生也可以轻松学会利用书写笔，在教学中实现互动。

三是自由库存，资源共享。库存是指基于交互电子白板提供的资源库功能和存储功能，师生可以在学习中随时调用资源和积累现场资源，可以以多种方式存储现场学习资源，便于复习和重温。共享是将教师上课使用的教学资源、课件和学生智慧的创造，导出为网页、图片等资源，有利于学生温习巩固学过的知识。

四是灵活组合，信息多样。交互式电子白板配备应用软件具有强大的库功能，常用的背景库、注释库、页库、链接库等内容非常丰富，涉及领域非常广，其内容可任意添加或删除。同时，我们可以根据自身需要把创造的材料存入库中，日久天长的积累能为教学提供更多的素材，需要时信手拈来，快捷丰富，为教学提供方便。

通过利用交互式电子白板，师生在互动中交流批注成果，在教师反馈中明确方法内涵，营造生生互动和师生互动的学习环境，提高了学生思维的独立性和深刻性，变“被动学习”为“主动学习”。

（二）触控一体机及组合式电子黑板

触控一体机集合了电子白板软件、计算机、电视、主机、显示器、音响为一体，免除了繁琐的布线，只需一根电源线连接即可，现在的触控一体机都支持WIFI功能，也免去了插网线的烦恼。但投影仪、计算机、音响等设备还需要和电子白板连接在一起。

其功能优势如下：

第一，触控一体机能够实现丰富多样的教育资源的灵活整合。通过透明页操作与标注功能，可以调用计算机及网络原有的各类资源，实现对各种资源的有效应用，同时采用录播系统可以制作属于本校专有的资源库。

第二，在技术集成和资源整合基础上实现对课堂教与学最有价值的辅助，即实现人机、人际的多重交互。这也是触控一体机相比于课堂教学使用的其他信息技术装备的巨大优势和核心竞争力。

第三，触控一体机及配件支持构建了一个教与学的协作环境，有利于教师对整个教学过程更灵活地控制，同时也有利于学生充分发挥学习主体作用。

第四，操作简单易学，有专门的软硬件和资源库支持教学设计。适应师生群体协作的同时兼顾个性化，使课堂教学过程易于控制、凝聚力强。教学过程及新增内容可存储、反复使用。

第五，既沿袭教师板书教学的传统模式，又可以对信息技术与各学科教学的整合进行探索与创新。

第六，既适应以教为主的教学结构与模式，又适应以学为主的教学结构与模式。在实现教学结构与模式的多元化和多样化方面，触控一体机比当前用于课堂教学的其他信息技术装备(包括装备“计算机＋投影＋屏幕”的多媒体教室和计算机网络教室)具有更大的适应性和灵活性。

第七，触控一体机作为一种输入设备，所采用的触摸屏具有坚固耐用、反应速度快、节省空间、易于交流等许多优点。用户只要用手指轻轻地触摸机器屏幕就可以快速得到自己想要的信息，从而使人机交互更为直截了当。作为一种高科技的机器，触控一体机已经逐渐取代了单纯触摸屏的地位，让用户真正地感受到人机可以自由交互的特点，在互动上有很好的效果。

组合式电子黑板就是将传统黑板与电子白板或触控一体机相结合的教学设施。在信息技术与教学整合的过程中，板书仍然是有效的教学工具，这里的板书可以是传统意义上的“粉笔＋黑板”，也可以是电子白板上的直接“书写”。

(三)电子书包

从硬件设备角度上讲，电子书包就是一种个人便携式学习终端。电子书包是一种可以随身携带，承载着丰富的数字化教育资源，具有网络支持与服务功能，支持学校、家庭、社会教育系统中各要素之间的协同互动，并满足学习者个性化学习的移动学习媒体。

电子书包的主要特点如下：

1.学习终端的便携性、移动性

便携性是指学习终端外观与课本相当,轻薄,便于携带,支持手写、滑屏、自动翻页等;移动性是指学习终端具有无线网络接入功能,可以实现随时随地的学习。

2.学习资源的多媒化、微型化、多元化

多媒化指电子书包中的资源是一种与多媒体内容整合的数字化资源,具有视音频、动画等多媒体形式,可以为学生创设生动、形象的学习情境;微型化是指资源设计逐步向片段化、微型化发展;多元化是指电子书包不但拥有学校教育资源,还拥有家庭教育和社会教育资源。

3.支持服务的多样化、个性化

电子书包的应用涉及学校、家庭和社会,使用者包括学生、教师、家长以及社会教育工作者。因此,服务平台能为使用者提供多样化服务,满足使用者的个性化需求。

第三节　信息化教学环境与教学设计

我国《国家中长期教育改革和发展规划纲要(2010—2020 年)》明确指出:"信息技术对教育发展具有革命性影响,必须予以高度重视。"通过信息化教学环境建设,以及各种信息技术的应用,可以创造出真正以学生为中心,体现教学个性化需求,激发学生学习兴趣和主动性,培养学生自主创新能力的全新课堂。

一、信息化教学环境的含义及基本特征

信息化教学环境,是建立在多媒体计算机和互联网基础之上,是在现代教育理论指导下,充分运用现代信息技术建立的、能实现教学信息的获取途径和呈现方式多样化、有利于自主学习及协作学习的现代教学环境。常见的信息化教学环境有:多媒体教室、网络教室、电子阅览室、信息化探究学习实验室等等。

信息化教学环境主要由数字化教学内容与资源、媒体播放设备、集成控制技术、网络通信技术、虚拟仿真技术、学习终端等组成。其基本特征有:教学内容呈现多媒体化;师生互动多样化;教学时空网络化;教学资源高度共享;教学组织方式多元化;过程管理信息化。

二、常用的信息化教学环境

(一)多媒体教室

1.多媒体教室概述

多媒体教室是在普通教室的基础上增加了现代多媒体系统而形成的。通

过多媒体教室将多种教学媒体汇集在一个教室内，以利于开展多媒体组合教学活动。多媒体教室根据其教学媒体数量的多少、质量的高低、教学功能的差异，可分为简易型、标准型、多功能型、学科专业型等不同类型。

简易型多媒体教室由“电脑(或由教师自备笔记本电脑)＋投影仪＋银幕＋音响”组成，配置简单，造价低，易于推广普及，甚至通过“笔记本电脑＋投影仪＋移动银幕”还可以组成移动式简易多媒体教学系统。

标准型多媒体教室主要由投影仪、多媒体计算机、录像机、影碟机、实物视频展示台、功率放大器与音箱、扩音系统、录音机和中央控制系统等设备组成。标准型多媒体教室的基本构成如图 8-3 所示。

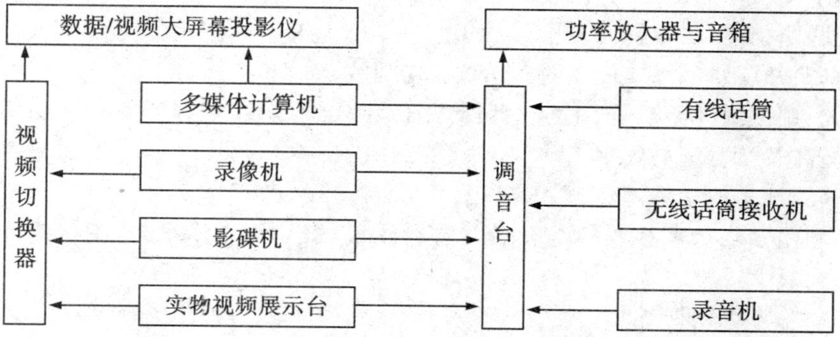

图 8-3　标准型多媒体教室的基本构成

多功能型多媒体教室主要是在标准型的基础上添加了摄录像装置及学习反应信息测试分析系统等。教室装配 2～3 台摄像机摄录师生的教学活动过程，影像信号可直接传送到中控室供记录储存，或同时传至其他教学场所供教学观摩或扩大教学规模。教师也能够及时了解学生的整体和个别情况，实现教学的个性化。

学科专业型多媒体教室是在简易型或标准型配置的基础上增加一些学科教学特殊需要的设备，如生物教学中需要的彩色显微摄像装置等，这样就成为某一学科专用的多媒体综合演示教室。

2.多媒体教室的功能

(1)播放多种现代教育媒体

①展示实物投影。运用视频数字展示台可进行实物投影，及投影各类幻灯片、投影片、照片、图片等。

②播放幻灯片投影教材。高质量的幻灯机和高亮度的投影机将幻灯片、投影片直接投影到银幕上，比视频数字展示台的投影效果好。

③广播与录音。教师可用有线话筒或无线话筒进行讲课,话筒拾取声音送入调音台,经调音后再送到扩音机(功率放大器),最后由音箱播出;录音机和CD机播放录音教材,同样利用录音机可记录教师上课的讲课内容。

④电视广播与录像重播。可利用录像机播放录像带电视教材,利用影碟机播放光盘教材;可将一路信号送到监视器进行监视,将另一路信号送到电视投影机投影到银幕上;可将录像机与校园闭路电视网连接,通过接收闭路电视台的节目进行电视教学。

⑤使用多媒体教学软件与浏览网上资源。教师与学生可运用多媒体计算机系统,交互广播多媒体课件,使多媒体计算机不仅是教师讲解的演示工具,而且是学生学习的认知工具;还可以将计算机与校园网的终端连接,从而与国内外互联网相连,实现资源共享。

(2)开展新型教学模式的教学试验与研究

利用多媒体组合与浏览网上资源,优化教学过程,培养创新精神和实践能力,提高教学质量与效率。

(3)扩大教学规模,观摩示范教学

利用多功能型多媒体综合教室进行示范教学,做学术报告,便于观摩教学和扩大教学规模。

(二)多媒体网络教室

1.多媒体网络教室概述

多媒体网络教室也称网络化多媒体教室、网络化电子教室、计算机教室,它集普通的计算机机房、语音室、视听室、多媒体演示室等功能于一体,利用现代网络技术和多媒体技术将若干台多媒体计算机及相关的网络设备互联而成的小型教学网络。它由多媒体计算机、服务器、网络系统、多媒体教学软件等组成,教师可以通过网络将自己的屏幕、语音、教学课件、VCD、外接音、视频源等传送给学生,同时教师可以对学生进行遥控辅导、锁定、复位或进行示范教学。多媒体网络教室还可提供电子论坛/分组讨论功能,使学生可以相互讨论,交流信息。

2.多媒体网络教室的功能与优势

(1)多媒体网络教室的功能

多媒体网络教室可以实现以下功能:

①屏幕广播。屏幕广播功能主要用于将教师机的计算机屏幕画面实时显示给全体、群组或单个的学生观看,学生可以在自己的屏幕上看到教师的操作,同时可以通过耳机听到教师的讲解。

②学生示范。即让学生远程对教师机进行操作,教师可以看到操作的过程

和结果，同时有关操作的过程和结果及相应的语音还可以传送到其他的学生机上。

③屏幕监视。即教师可以实时监控每个学生的计算机屏幕。

④遥控辅导。即教师可以远程控制学生的键盘和鼠标，进行相应的操作。在遥控辅导中，教师可以实时监控被遥控学生的计算机屏幕，并可以同被遥控学生进行双向交谈。

⑤电子举手。学生若有问题，可通过“电子举手”示意，教师只要坐在教师机前将学生屏幕切换到教师屏幕上，便可帮其发现问题，通过话筒对话和屏幕演示解决问题。

⑥分组讨论。教师可对教室内的学生进行任意分组，每个小组的学生通过语音、电子白板等方式进行交流，教师可随时插入任意小组，并参与讨论或提供帮助，小组内允许多个学生同时交谈。

⑦电子论坛。教师可选择一个或多个学生进行编组讨论，通过文字、语音、电子白板进行交流，不在该讨论组的学生不受干扰。

⑧消息发送。教师和学生、学生和学生之间进行信息传递。教师可以允许或禁止学生使用这个功能。

⑨电子抢答。

⑩收发作业。用来向学生机传输或收取指定的作业。

(2)多媒体网络教室的优势

首先，多媒体网络教室能提供界面友好、形象直观的交互式学习环境，能够提供图文声像并茂的多种感官综合刺激，还能按超文本、超链接等方式组织管理学科知识和各种教学信息，有利于学生的主动发现、主动探索，有利于发展联想思维和建立新旧知识之间的联系。其次，多媒体教学既能发挥教师的主导作用，又能充分体现学生的认知主体作用，把教师和学生两方面的主动性、积极性都调动起来，从根本上改变并促进了师生之间的信息交流，实现资源共享和教学合作。

多媒体网络教室充分利用计算机网络技术和多媒体技术，将单调、乏味的课堂知识形象地体现在声音、图像、影视、动画中，使得真正基于交流、讨论的全新的教学方法成为可能，极大地增强了学生的教学参与意识，进一步提高了学校的教学质量。目前，多媒体网络教室广泛应用于学科教学、教学测试和信息反馈分析、语言教学(语音室)、教师培训、电子阅览等领域。

(三)智慧教室

1.智慧教室概述

所谓智慧教室，是以建构主义学习理论为依据，利用大数据、云计算、物联网等新一代信息技术打造的智能、高效的课堂环境(教室)。其实质是基于动态学习数据分析和“云+端”的运用,实现评价反馈即时化、交流互动立体化、资源推送智能化,全面变革课堂教学的形式和内容,构建大数据时代的信息化课堂教学模式。

2.智慧教室的组成及功能

智慧教室是微云服务器、移动平台端工具及智慧课堂云平台三大应用的整体应用。通过“云+端”的应用,实现了教室内多种终端设备的无缝连接和智能化运用,进而改变课堂结构,实现教与学的革命。其核心功能为:在教室内,教师和学生可以通过多种移动设备(同时支持安卓、苹果、Windows 系统),在无须互联网的状态下,实现点对点的通信与交互。同时,教师可以通过大数据分析即时获取准确的学情信息,利用移动端设备直接书写,并将书写内容分别投送到教室的投影仪、大屏幕显示设备或学生手持设备。如果教室联通了互联网,还可实现课堂在线直播。教师也可以通过手持设备将课堂教学全过程录制下来(声音、视频、PPT 课件及板书等),形成新的教学资源,并通过智慧课堂云平台实现资源云端共享。

智慧教室主要包括以下 8 个系统:

(1)教学系统。教学系统由内置电子白板功能的触控投影机一体机、功放、音箱、无线话筒、拾音器、问答器和配套控制软件构成。使用内置电子白板功能的触控投影一体机代替传统的黑板,实现无尘教学,保护师生的健康;可在投影画面上操作计算机,在每个桌位上配置问答器,实现师生交互式课堂教学。

(2)人员考勤系统。人员考勤系统由 RFID(射频识别)考勤机、考勤卡和配套控制软件构成。在教室前后门各安装一个 RFID 考勤机,通过识别考勤卡对学生进行考勤统计,对进入教室的人员进行身份识别,对合法用户进行考勤统计,对非法用户进行警告。同时,可通过无线网远程对考勤情况进行监控、统计及存档打印等。

(3)资产管理系统。资产管理系统由特高频 RFID 读卡器、纸质标签、抗金属标签和配套控制软件构成。在教室前后门各安装一个特高频 RFID 读卡器,对教室内的实验仪器、设备等资产(贴有 RFID 标签,标签上存储有设备的详细信息)进行出入教室的监控与管理,对未授权用户把教室内资产带出教室的行为进行警告,方便设备管理人员对教室设备进行统一管理。

(4)灯光控制系统。灯光控制系统由灯光控制器、光照传感器、人体传感器、窗帘控制系统和配套控制软件构成。通过人体传感器来判断教室内对应位置是否有人,若此位置无人,则灯光控制系统及窗帘控制系统处于关闭状态;反之,处于工作状态。

(5)空调控制系统。空调控制系统由中央空调电源控制器、温湿度传感器和配套控制软件构成。通过温湿度传感器监测室内温湿度，通过分析数据，根据软件预设值对室内温湿度进行自动控制。当室内温湿度高于最高门限值时，自动开启空调；当室内温湿度低于最低门限值时，自动关闭空调。

(6)门窗监视系统。门窗监视系统由窗户门磁模块及配套软件组成。窗户门磁模块用于检测门和窗户的开关状态，并将状态信息及时上传至服务器，同时设置敏感时段，实施对窗户的自动监视和报警。

(7)通风换气系统。通风换气系统由抽风机、CO_2 传感器和配套监控软件构成。通过 CO_2 传感器监测室内的 CO_2 浓度，通过分析数据，根据软件预设值对室内 CO_2 浓度进行自动控制：当室内 CO_2 浓度高于软件门限值时，自动开启抽风机来进行换气，通过补充室外空气来降低室内 CO_2 的浓度。

(8)视频监控系统。视频监控系统由无线摄像头和配套的监控软件构成。视频监控系统可为安防系统、资产出入库、人员出入等情况提供查询依据。在教室前后门口各安装一个无线摄像头以监控人员出入和资产的出入库情况，在教室内安装一个无线摄像头监控教室内部实时情况，所采集的影像经远端射频单元传送至终端管理计算机，提供实时的监控数据。

3.智慧教室的创新与应用特色

智慧教室在创新与应用方面具有以下特色：

(1)基于智慧教室，实现课堂形式的变革

①智慧教室无传统的讲台与黑板，课桌以分组讨论方式摆放，教师面向学生教学并直接融入小组讨论。

②教师可以通过手中的任意移动终端设备(手机、PAD)实现书写并向教室内大屏幕投射，教师常用的 PPT 不仅可以一帧一帧展示用，而且可以进行任意的手写、标注、推演等。

(2)基于学习数据分析，实现精准教学

①通过微课推送等形式，实现数字化预习和预习情况的反馈，精准掌握学生的预习情况。

②通过智能评测系统实现数字化作业或预习预设的问题评测，收集、判断学生已掌握的知识和技术，自动进行数据分析与反馈，为教师的备课提供及时、准确、立体的信息，据此实现有的放矢的备课，选择适应的教学策略。

(3)基于动态测评，实现教学机智

①课堂结构发生变革，学习与智能评测在前。教师可以依据课前评测分析，以学定教、分层教学，通过微课、分组讨论、课堂精讲等方式组织更具个性化的课堂教学。

②通过随堂练习及评测系统，进行实时测评、统计，快速分析与反馈学生的课堂学习效果，及时调整课堂教学进度与内容，体现教师的教学机智，展示教学艺术。

(4)基于微课制作与推送，实现常态化应用

①相对于传统的教学视频制作和应用工具来说，更加简单、方便、实用，使得智慧教室的实现，不再只是表演阶段，因为技术足够简单、方便，教师能快速融入日常教学之中。

②随堂录制的微课，因为其足够的“小”，足够的方便，让微课的制作与应用实现常态化。

(四)数字化学习体验室

1.数字化学习体验室概述

数字化学习体验室是指应用先进的数字化设备以及人工智能、虚拟现实等先进技术，以支持物理、生物、化学、科学、艺术等学科的数字化学习体验活动的信息化学习环境。典型的数字化学习体验室有数字理化实验室、动漫实验室、数字电视演播室、智能机器人实验室、虚拟仿真教室等。

数字理化实验室是通过整合传感技术、三维仿真技术和虚拟现实技术建设的智能化、个性化、多元化，能为师生提供直观的、精确的实现各种实验数据采集和分析处理的实验环境。

动漫实验室是通过利用多媒体技术，在兼容通用技术规范标准的前提下，构建的集动画欣赏、创作、配音甚至动漫角色扮演于一体的软硬件平台。

数字电视演播室是具备数字视音频信号的产生、处理、记录、传输、切换、播出等设备的场所。它将数字化设备与多媒体网络技术结合起来，使电视演播室组成网络成为现实。

智能机器人实验室集成机械设计、微电子技术、软件技术和人工智能技术，为师生学习传感器、计算机软硬件、人工智能和自动控制等高新科技知识提供支撑，为学生参与机器人设计与创造提供条件。

虚拟仿真教室将虚拟实验技术与体验式教学相结合，由学习者借助人机交互界面调节虚拟实验中的参数变量，通过观察、总结和归纳计算机仿真模拟结果从而获取相应的知识技能。

2.数字化学习体验室的特点

(1)实验过程可视化

数字化学习体验室的实验过程可视化包括实验过程空间可视性和实验过程时间可视性。传统的实验仪器由于人眼观察与手工记录的断续性，确实难解决这个问题。数字化实验通过与计算机连接的传感器实时采集数据，记录数

据，实现了时间上组微过程的实验过程数据自动记录，相当于用传感器和计算机代替人眼、手、纸和笔记录数据，实现了数据记录的时间连续性，实现了瞬间变化“可视化”。

(2)数据采集自动化

数字化学习体验室发挥了传感器和计算机的优势，实现了高精度、高速度和自动化的测量，采集到多种完整、动态的信息，并且能够对实验数据作出多维的、综合性的分析处理。这样就把教师和学生从繁琐的、重复性的劳动中解放出来，从而让学生能够集中精力于设计实验方案、归纳总结、交流信息和从中发现规律。

(3)数据处理实时化

由于采用计算机自动控制，数字化实验系统能够在很短的时间内采集和处理大量的数据，实现了数据的实时采集、传输、存储、处理和显示，并能根据需要以多种方式显示处理结果，实现了数据变化显示过程与实验过程同步。数字化实验的传感器精度高，实验误差比较小，数据可以实时定量显示，这些就使物理、化学、生物学等规律的探究发现或探究验证更具有严谨性和可信性，为学生的“定量化”研究提供了研究平台，有助于学生理解科学的本质。

(4)学习体验情景化

数字化学习体验室的开放性和易操作性，为师生提供了一种良好的现代化的认知环境。教师可以利用数字化实验设备创设情景，让学生充满对周围事物探究的激情，激励学生进行研究性学习，自主提出感兴趣的研究课题，自主进行实验研究，促进学生创造性思维的发展。在这个过程中，学生通过了解和掌握现代实验手段，增强创新意识，提高实践能力，培养实事求是、严谨认真的科学态度，养成交流与合作的良好习惯。学生的科学素养、动手能力以及探索精神可以得到极大地提高。

3.数字化学习体验室的功能

(1)支持师生互动，提供多样化的数字化学习方式。

(2)支持多学科的数字化学习体验，拓展学生探究的广度和深度，促进学生科学素养的发展。

(3)支持师生开展自主探究学习、小组合作学习。

(4)支持构建仿真模拟环境，支持学习者沉浸式、交互式的学习与交流，支持教师创新教学模式，实现信息技术与课程的深度融合。

(五)网络教学环境

1.网络教学环境概述

网络教学环境是设备、学习资源与学习过程管理系统的整合，是网络教学活动开展的基础。网络教学环境为学习者提供了一个虚拟学习空间,它支持师生实现在线的学习资源共享、师生交流、问题解疑、评价测试等功能。

网络教学环境的构建离不开学习管理系统,学习管理系统(Learning Management System)是一种网络应用软件,通过它可以建立一个基于 Web 的在线学习环境,为网络教学的实施提供服务。学习管理系统(LMS)提供了学习者、教师、管理员等用户管理功能,课程创作、存储与发布功能,学生学习过程支持功能,教师组织教学、评价教学功能等等,它是实施网络教学的基础平台。目前国内外可以用于构建网络学习环境的产品很多,其中比较流行的学习管理系统(LMS)有 Moodle、Blackboard、Claronline、Sakai 等。Moodle 软件是一款开源软件,安装及使用方便、功能强大,深受教师和学生们的喜爱。

2.网络教学环境的特点

(1)开放性。网络学习首先是一种开放性的学习。网络学习的开放性主要表现学习环境上,学生可以在因特网开放的数字化空间中进行学习。网络学习资源、网络学习过程、网络学习的监控与管理等都具备一定的开放性特征。

(2)交互性。交互在网络学习中占有十分重要的地位,也是网络环境下进行有效学习的重要条件。网络学习中的交互既包括人机交互,又包括人际交互。网络教学可以增加教师与学生之间关于教学信息的交流,教师可以根据学生的反馈信息及时调整教学;学生还可以根据教师在网络上提供的反馈信息,在学习过程中不断调整学习内容和进度,自由进退,自主构架。师生之间、生生之间交互性的最高形式是网络学习共同体的创建,这为有效学习的开展提供了有利条件。

(3)自主性。网络教学可以为学生提供丰富多彩、图文并茂、形声兼备的立体型、直观型学习资源,学生从网络中获得的学习资源不仅数量大,而且是多视野、多层次、多形态的。网络环境下,学生不再受限于仅有的信息源,他们可以从广泛的网络信息源中选择他们所需的学习材料;学生能按照各自的实际情况来设计和安排学习,成为学习的主体。此外,学生可以方便地与他人交流自己的学习心得体会,促进学习知识的进一步优化。

(4)个性化。网络教学最大的特点是可以进行异步的交流与学习,学生可以根据自己的实际情况安排学习活动,这比传统教学“一刀切”更为科学。学生通过教师或平台的反馈信息,能及时了解到自己的进步与不足,按要求调整学习,从而实现了个别化学习。

3.常见的网络教学环境

(1)网络课程学习平台。目前我国常用的网络课程学习平台有中国大学 MOOC、学堂在线、爱课程、尔雅网络课、智慧树、MOOC 中国等,另外还有一些学校通过 Moodle 等软件自主开发面向校园网学生用户的网络课程学习平台。

(2)移动学习平台。移动学习平台即移动端教学系统，提供可随时随地沟通的在线教学环境，支持从学习、评测、辅导到教学、教务等完整的学习路径，是教师开展移动教学所需的专用工具。通过移动学习平台，教师可以快速建立满足自身需求的学习管理系统，高效地执行在线教学和任务考评，进一步完善在线教学体系。目前国内即时通信工具软件都提供了移动学习服务，因此教师们也大多使用微信、QQ、钉钉等即时通信工具软件开展移动端教学工作。

此外，还有各种各样适合不同学习需求的移动学习 APP，可以为学生提供个性化学习服务。但因为移动学习 APP 开发制作相对复杂，不太适合学校教师进行开发制作，一般需要由软件公司进行协助定制。

思考与练习

一、简答题

1.有人提出“新媒体”的概念，你认为什么是“新媒体”？对我们的教育教学有什么影响？

2.除了本章中列举的现代教学媒体，你还了解过或使用过哪些现代教学媒体？这些媒体有什么功能和特色？

3.调查你所在学校多媒体教室应用中存在的问题，试提出解决问题的方案。

4.你在教学过程中使用过简易移动多媒体设备吗？设计一套你认为简捷实用的简易移动多媒体组合。

5.谈一谈多媒体网络教室的优势及不足。

6.智慧教室自应用推广以来，毁誉参半。欢迎者认为，智慧教室为智慧教育、智慧课堂的普及提供了物质保障，批评者认为智慧教室的教学应用的性价比太低，很多功能完全可以通过“手机＋APP”在普通教室来实现。你持什么观点？

7.了解一下什么是“技术决定论”，什么是“媒体决定论”，并举例说明。

8.随着某一新设备或新媒体的诞生到普及，人们对这个新设备或新媒体的期望总是从狂热到冷静。一堂课是否精彩，你认为关键因素是什么，为什么？

二、设计题

设计一个“网络教学直播间”，说明可以实现的功能及预期达到的效果，列举出所需要的设备和配置，并参考购物网站价格估算出所需预算。性价比高者为佳。

主要参考文献

一、专著

[1]陈桂生:《学校教育原理》,长沙:湖南教育出版社 2000 年版。

[2]陈晓端、张立昌:《课程与教学通论》,西安:陕西师范大学出版社 2017 年版。

[3]陈佑清:《教育活动论》,南京:南京师范大学出版社 2000 年版。

[4]傅钢善:《现代教育技术》,北京:高等教育出版社 2015 年版。

[5]顾明远:《中国教育大系——21 世纪初中国教育》,武汉:湖北教育出版社 2015 年版。

[6]何克抗、李文光:《教育技术学》,北京:北京师范大学出版社 2002 年版。

[7]何克抗、郍永柏、谢幼如:《教学系统设计》,北京:北京师范大学出版社 2002 年版。

[8]黄甫全、王本陆:《现代教学论学程》,北京:教育科学出版社 1998 年版。

[9]黄甫全:《现代课程与教学论》,北京:人民教育出版社 2014 年版。

[10]季诚钧:《大学课程概论》,上海:上海教育出版社 2007 年版。

[11]姜国钧:《大学课程与教学论》,北京:电子工业出版社 2016 年版。

[12]巨瑛梅、刘旭东:《当代国外教学理论》,北京:教育科学出版社 2004 年版。[13]柯清超:《现代教育技术应用》,北京:高等教育出版社 2016 年版。

[14]蓝江桥:《中美大学课程教学质量评价比较》,北京:蓝天出版社 2005 年版。

[15]李森、陈晓端:《课程与教学论》,北京:北京师范大学出版社 2015 年版。

[16]廖哲勋、田慧生:《课程新论》,北京:教育科学出版社 2003 年版。

[17]林德全、徐秀华:《教学论》,郑州:河南大学出版社 2015 年版。

[18]刘明照:《高校院系专业结构保障调整与认证及教学质量保障指导手册》(上),北京:中国教育出版社2008年版。

[19]皮武:《生成之魅——大学课程决策实地研究》,长春:吉林大学出版社2013年版。

[20]朴雪涛:《现代大学教学论研究》,哈尔滨:黑龙江人民出版社2002年版。

[21]孙正聿:《哲学通论》,上海:复旦大学出版社2005年版。

[22]王本陆:《课程与教学论》,北京:高等教育出版社2017年版。

[23]王建军:《课程变革与教师专业发展》,成都:四川教育出版社2004年版。

[24]吴杰:《教学论——教学理论的历史发展》,长春:吉林教育出版社1986年版。

[25]吴小玲:《教师如何做好课堂教学设计》,长春:吉林大学出版社2008年版。

[26]项贤明等:《教育学原理》,北京:高等教育出版社2019年版。

[27]谢维和:《中国当代教育学家文库——我的教育觉悟》,北京:人民教育出版社2016年版。

[28]许明、洪明:《当代国外大学本科教学模式的改革与创新》,福州:福建教育出版社2013年版。

[29]游正伦:《教学论》,北京:教育科学出版社1982年版。

[30]张传燧:《课程与教学论》,北京:人民教育出版社2008年版。

[31]张九洲:《从学科逻辑到实践逻辑:地方本科院校课程发展研究》,昆明:云南大学出版社2016年版。

[32]钟启泉:《现代课程论》,上海:上海教育出版社1989年版。

[33]周永凯、田红艳、王文博:《现代大学教学评价理论与实务》,北京:中国轻工业出版社2010年版。

二、译著

[1][法]爱弥尔·涂尔干:《教育思想的演进》,李康译,上海:上海人民出版社2003年版。

[2][美]戴尔蒙德:《课程与课程体系的设计和评价实用指南(修订版)》,黄小苹译,杭州:浙江大学出版社2006年版。

[3][美]拉尔夫·泰勒:《课程与教学的基本原理》,罗康、张阅译,北京:人民教育出版社1949年版。

[4][美]莫里森、罗斯、肯普:《设计有效教学(第四版)》,严玉萍译,北京:中国轻工业出版社 2007 年版。

[5][美]诺曼·E.格朗伦德、苏珊·M.布鲁克哈特:《设计与编写教学目标(第 8 版)》,盛群力、郑淑贞、冯丽婷译,北京:中国轻工业出版社 2017 年版。

[6][英]傅伊德·金:《西方教育史》,任室祥、吴元训译,北京:人民教育出版社 1985 年版。

三、论文

[1]陈潭、程瑛:《Seminar 教学法、案例教学法及其课堂教学模型构建》,《湖南师范大学教育科学学报》2004 年第 4 期。

[2]何晓瑾、金实、曹晶、汪悦、周学平:《创新人才培养视阈下的大学教学模式变革——基于 PBL 模式的教学实践研究》,《江苏高教》2016 年第 6 期。

[3]贺国庆:《西方大学教学方法变革考》,《教育研究》2014 年第 8 期。

[4]侯怀银、王俊琳:《改革开放以来中国大陆大学教学方法研究:历程、进展和趋势》,《高等教育研究》2014 年第 10 期。

[5]黄明燕、赵建华:《项目学习研究综述——基于与学科教学融合的视角》,《远程教育杂志》2014 年第 2 期。

[6]李逢庆:《混合式教学的理论基础与教学设计》,《现代教育技术》2016 年第 9 期。

[7]李庆丰、张慧:《新中国成立 70 年大学教学方法改革的发展历程》,《北京教育(高教)》2019 年第 10 期。

[8]刘广平、陈立文、李媛:《境外基于项目式学习的教学模式研究述评》,《高等建筑教育》2014 年第 4 期。

[9]刘景福、钟志贤:《基于项目的学习(PBL)模式研究》,《外国教育研究》2002 年第 11 期。

[10]刘嵘:《案例教学法与启发式教学法在思想政治理论课教学中的运用》,《内蒙古师范大学学报(教育科学版)》2007 年第 3 期。

[11]潘浩、皮武:《场域压迫,主体共谋与大学"水课"的生成逻辑》,《江苏高教》2020 年第 8 期。

[12]史学正、徐来群:《施瓦布的课程理论述评》,《外国教育研究》2005 年第 1 期。

[13]覃泽宇、林铭:《复杂适应系统视域中有效教学设计》,《电化教育研究》2009 年第 8 期。

[14]唐文:《大学课程评价与建设探讨》,《现代教育管理》2010 年第 1 期。

[15]万勇华:《情景模拟教学法在高校“思政课”中的应用研究》,《探索》2014 年第 3 期。

[16]王统永:《现代大学课程评价理论研究综述》,《临沂大学学报》2009 年第 5 期。

[17]杨文登、谈心:《教师实践智慧的五种常见误解及其澄清》,《教师教育研究》2016 年第 4 期。

[18]姚利民:《高校教学方法研究述评》,《大学教育科学》2010 年第 1 期。

[19]张朝珍、束华娜:《论超越表层结构的翻转课堂》,《华东师范大学学报(教育科学版)》2015 年第 1 期。

[20]张忠华:《论影响我国大学教学模式变革的因素及对策》,《河北师范大学学报(教育科学版)》2011 年第 8 期。

[21]钟志贤:《传统教学设计范型批判》,《电化教育研究》2007 年第 2 期。

[22]周波、任登波:《教学学术视角下大学初任教师专业发展研究的审视》,《首都师范大学学报(社会科学版)》2012 第 2 期。

[23] Hmelo-Silver, C. E., “Problem-Based Learning: What and How do Students Learn?” *Education Psychology Review*, 2004, 16(3).